中国文化经纬

中国吉祥物

乔继堂　著

中国书籍出版社
China Book Press

图书在版编目（CIP）数据

中国吉祥物 / 乔继堂著. -- 北京：中国书籍出版社，2021.1
（中国文化经纬 / 王守常主编）
ISBN 978-7-5068-8300-9

Ⅰ.①中… Ⅱ.①乔… Ⅲ.①吉祥物—研究—中国 Ⅳ.①K892.29

中国版本图书馆CIP数据核字（2021）第000374号

中国吉祥物

乔继堂　著

责任编辑	卢安然
责任印制	孙马飞　马　芝
封面设计	东方美迪
出版发行	中国书籍出版社
地　　址	北京市丰台区三路居路97号（邮编：100073）
电　　话	（010）52257143（总编室）　（010）52257140（发行部）
电子邮箱	eo@chinabp.com.cn
经　　销	全国新华书店
印　　刷	三河市顺兴印务有限公司
开　　本	635毫米×970毫米　1/16
字　　数	174千字
印　　张	20
版　　次	2021年1月第1版　2021年1月第1次印刷
书　　号	ISBN 978-7-5068-8300-9
定　　价	56.00元

版权所有　翻印必究

《中国文化经纬》系列丛书
编委会

顾问 汤一介 杨 辛 李学勤 庞 朴
　　　 王 尧 余敦康 孙长江 乐黛云

主编 王守常

编委（按姓氏笔画为序）

　　　 王 平 王小甫 王守常 邓小楠
　　　 乐黛云 江 力 刘 东 许抗生
　　　 朱良志 孙尚扬 李中华 陈平原
　　　 陈 来 林梅村 徐天进 魏常海

总　序

二十世纪三十年代，陈寅恪先生在冯友兰《中国哲学史》下册的《审查报告》中说："窃疑中国自今日以后，即使能忠实输入北美或东欧之思想，其结局当亦等于玄奘唯识之学，在吾国思想史上既不能居最高之地位，且亦终归于歇绝者。其真能于思想上自成系统，有所创获者，必须一方面吸收输入外来之学说，一方面不忘本来民族之地位。此二种相反而适相成之态度，乃道教之真精神，新儒家之旧途径，而二千年吾民族与他民族思想接触史之所昭示者也。"今天读陈先生的话，感慨良多。先生所言之义：佛教传入中国，其教义与中国思想观念制度无一不相冲突。然印度佛教在近千年的传播过程中不断调适，亦经国人改造接受，终成中国之佛教。这足以告知我们外来思想与中国本土思想能够融合、始相反终相成之原因，在于"必须一方面吸收输入外来之学说，一方面不忘本来民族之地位"。这就是我们经常讲的,当下中国文化必须"返本开新"。如有其例外者,则是"忠实输入不改本来面目者,若玄奘唯识之学,虽震荡一时之人心,而卒归于消沉歇绝"。

我以为近代中国落后于西方,不应简单视为文化落后,而是二千多年的农业文明在十八世纪已经无法比肩欧洲工业文明之生产效率与市场资源的合理配置,由此社会政治、国家管理制度也纰漏丛生。由是而观当下之中国,体制改革刻不容缓,而从五四时代以来的文化批判也需深刻反思。启蒙运动对传统文化的批评固然有时代需求,未经理性拷问的传统文化无法随时代而重生。但"五四运动"的先贤们也犯了"理性科学的傲慢",他们认为旧的都是糟粕,新的都是精华,以二元对立的思考将传统与现代对峙而观,无视传统文化在代际之间促成了代与代的连续性与同一性,从而形成了一个社会再创造自己的文化基因。美国学者席尔思写了一部书《论传统》,他说:传统是围绕人类的不同活动领域而形成的代代相传的行为方式,是一种对社会行为具有规范作用和道德感召力的文化力量,同时也是人类在历史长河中的创造性想象的沉淀。因而一个社会不可能完全排除其传统，不可能一切从头开始或完全取而代之以新的传统，而只能在旧传统的基础上对其进行创造性的改造。此言至矣！传统与现代不应仅在时间序列上划分，在文化传承上可理解为"传统"是江河之源，而"现代"则是江河之流。"现代"对"传统"的理性诠释，使"传统"在"现代"得以重生。由此，以"同情的敬意"理解自己民族的文化传统是当下中国的应有之义，任何历史文化的虚无主义都要彻底摒弃。从"五四"先行者到今天的一些名士，他们对传统文化进行激烈批判，却也无法摆脱传统文化对自己的思维方式和价值观念的影响。这样的事实岂可漠视。

这套《中国文化经纬》丛书是在1993年刊行的《神州文化集成》丛书的基础上重新选目、修订而成。自那时到今天，持续多年的"文化热"、"国学热"，昭示着国人对自己民族文化的认同还处在进行时。文化决定了一个民族的性格，民族性格决定了一个民族的命运。中国文化书院成立至今已有30年了，书院同仁矢志不移地秉承着"让世界文化走进中国,让中国文化走向世界"之宗旨,不负时代的责任与担当。此次与中国书籍出版社合作出版这套丛书,期盼能在民族文化的自觉、自信、自强上有新的贡献。

王守常

2014 年 12 月 8 日

于北京大学治贝子园

目 录

总　序 ………………………………………………… 1

绪　论：吉祥物与吉祥观念 ………………………… 1
　从"福娃"谈起 …………………………………… 1
　吉祥观念的基础 …………………………………… 3
　人类基本需求 ……………………………………… 4
　观念的战胜 ………………………………………… 6
　趋利心性 …………………………………………… 8
　全息思维 …………………………………………… 9
　吉祥的内容 ………………………………………… 12
　吉祥物的形成 ……………………………………… 16
　自然属性、特点的延长 …………………………… 17
　谐音取意 …………………………………………… 19
　传说附会 …………………………………………… 19
　艺术加工 …………………………………………… 20
　吉祥物的种类 ……………………………………… 21
　吉祥物与吉祥图案 ………………………………… 22

吉祥物与现时代……………………………… 24

一、动物篇…………………………………… 26

　虎………………………………………… 26
　豹………………………………………… 29
　狮………………………………………… 32
　象………………………………………… 35
　麒麟……………………………………… 37
　鹿………………………………………… 42
　猴………………………………………… 44
　兔………………………………………… 45
　羊………………………………………… 47
　蟾蜍……………………………………… 50
　蝙蝠……………………………………… 51
　蝴蝶……………………………………… 53
　蜘蛛……………………………………… 55
　凤凰……………………………………… 57
　鹤………………………………………… 61
　孔雀……………………………………… 66
　喜鹊……………………………………… 68
　鸳鸯……………………………………… 71
　雄鸡……………………………………… 74
　燕………………………………………… 76
　鸿雁……………………………………… 79

鹌鹑	81
鹭鸶	82
绶鸟	83
比翼鸟	84
白头翁	86
鱼	87
龙	90
龟	94

二、植物篇 99
松	99
柏	102
桂	105
椿	107
槐	109
红豆	111
梧桐	112
竹（天竹附）	114
合欢	118
枣	120
栗	122
桃	123
石榴	126
荔枝	128

橘	130
佛手	132
枸杞	133
梅	134
莲（荷）	137
芙蓉	141
兰	143
玉兰（木兰附）	147
牡丹	148
月季	151
水仙	153
百合	155
山茶花	156
万年青	158
吉祥草	159
灵芝	160
艾	162
萱草	165
菖蒲	167
茱萸	169
葫芦	171
瓜	172

目录

三、器物篇 ·· 174
    如意 ·· 174
    方胜 ·· 179
    盘长 ·· 181
    中国结 ·· 183
    古钱 ·· 186
    银锭（元宝附） ································ 190
    爆竹 ·· 191
    灯笼 ·· 194
    瓶 ··· 197
    镜 ··· 199
    鞋 ··· 201
    琴瑟 ·· 203
    笙 ··· 206
    磬 ··· 208
    笏 ··· 209
    爵 ··· 211
    戟 ··· 212
    鼎 ··· 213
    寿石 ·· 217
    石敢当 ·· 219
    聚宝盆 ·· 220
    摇钱树 ·· 223

四、神人篇……………………………………226
　　福神………………………………………226
　　天官………………………………………228
　　禄神………………………………………231
　　魁（奎）星………………………………232
　　寿星………………………………………235
　　喜神………………………………………237
　　财神………………………………………239
　　门神………………………………………241
　　灶神………………………………………244
　　关帝………………………………………247
　　西王母……………………………………250
　　麻姑………………………………………253
　　月下老人…………………………………254
　　和合二圣…………………………………256
　　八仙………………………………………258
　　钟馗………………………………………263

五、符图篇……………………………………266
　　福…………………………………………266
　　囍…………………………………………270
　　寿…………………………………………272
　　卍…………………………………………275
　　宝相花……………………………………276

目录

缠枝纹 …………………………………… 278

云纹 ……………………………………… 280

回纹 ……………………………………… 283

十二章纹 ………………………………… 284

海水江崖纹 ……………………………… 287

博古纹 …………………………………… 289

太极图 …………………………………… 291

八卦图 …………………………………… 293

后　记 …………………………………… 295

附　记 …………………………………… 297

出版后记 ………………………………… 298

绪论：吉祥物与吉祥观念

从"福娃"谈起

说到吉祥物，不能不让人想到"福娃"。众所周知，福娃是2008年北京夏季奥林匹克运动会的吉祥物。这种吉祥物，由五个成员组成："贝贝""晶晶""欢欢""迎迎"和"妮妮"。五个福娃的造型，分别融入了鱼、大熊猫、藏羚羊、燕子以及奥林匹克圣火的形象。福娃的原型，尤其头饰，蕴含着与海洋、森林、火、大地和天空的联系，又各自代表着一个美好祝愿：繁荣、欢乐、激情、健康、好运。同时，福娃的名字还以谐音的方式，表达了北京对世界的盛情邀请："北京欢迎您"。

无独有偶。2022年北京冬奥会的吉祥物——冰墩墩，还有2020年北京残奥会的吉祥物——雪容融，如今也早已为国人所熟悉。冰墩墩的形象来源，是国宝大熊猫，"墩墩"意喻敦厚、健康、活泼、可爱，契合熊猫的整体形象，象征着冬奥会运动员强壮的身体、坚韧的意志和鼓舞人心的奥林匹克精神。雪容融的形象来源于灯笼，而灯笼是举世公认的中国符号，是欢乐喜庆的象征。雪容融的"容"和"融"，分别意喻宽容、交流互鉴和温暖、相知相融。雪容融顶部饰有如意，本身就是我国历史悠久的吉祥物；面部的雪块，则寓含着"瑞雪兆丰年"的吉祥意义。

说起来，吉祥物早已存在。如今具有世界性共识的和平鸽、橄榄枝，就源自古老的希伯来神话传说。世界性的吉祥象征之外，世界上几乎所有民族、所有文化，都有着各自独特的象征体系，都有着自己钟情的吉祥物。直到今天，类似的吉祥物还在不断创生。

有些吉祥物缘于种种背景，被不同民族、不同文化所接受，其象征意义尽人皆知，从而成为世界性的吉祥物。更显而易见的是，这些吉祥物无不濡染着浓重的民族色彩，民族文化底色很少全然褪去，甚至是历久弥新、更加灿烂。与此同时，毋庸讳言的是，同样缘于种种背景，有些吉祥物的涵义，甚至始终难以为别民族和文化所领会、接受；而这，就涉及不同民族、不同文化的观念问题了。

绪论

吉祥观念的基础

不同民族、不同文化，都有自己独特的观念意识。这个观念意识的领域极其广泛，习为人知的内容诸如世界观、人生观、生死观、道德观、宗教观、艺术观、科学思想、民俗信仰，等等。这个庞大体系中的每一个部分，都从某种角度反映着民族文化的特点，支撑着民族文化的大厦，都占据了民族文化的一席之位。

那么，吉祥物所显示的观念意识是什么呢？显然，这种观念意识当属民俗信仰的范畴，这里姑且称之为"吉祥观念"。

简单来说，吉祥观念是人们在长期社会实践和特定文化心理基础上逐渐形成的，将某些自然事物和文化事物视作吉祥的社会观念。这种社会观念将万事万物加以功能性区别，相信利用上述自然事物和文化事物能够规避灾祸邪祟、获致吉庆祥瑞，进而将它们给予多种方式、多种途径的表现，指引人们趋向吉祥。可以说，这种观念及其产品——吉祥物，是不同民族、不同文化的普遍存在，无论原始氏族还是现代人，无论古老文明还是工业文明，莫不如是。

吉祥观念以及吉祥物的普遍存在，在于人类共同的基本需求和共同的心理特性。

人类基本需求

　　世界各民族的神话传说大都昭示：在遥远的古代，人类生息的这颗星球上，曾经有过一个可怕的"大洪水时代"。那时，洪水滔天，淹没田地、村庄、树木、山脉，世界变成了一片汪洋。然而，这世界上的人并未因此绝迹，一些人因得到神谕或预兆的启迪，设法死里逃生，人类从而生生不息，繁衍至今。这些神话所传是无稽之谈还是多少有些科学价值，姑且不论；但可以肯定的是，它们的产生都反映了确凿的事实，那就是人类的基本需求。

　　依美国心理学家马斯洛的"需求层次论"来看，人的需要呈现出多个层次，其中有审美、自我价值实现那样的高层次的需求，也有温饱、健康、安全等低层次的需求。一般来说，只有在满足低层次需求的基础上，高层次的需求才成为必要，由此也就区分了基本需求和其他需求的差别。[1]在人类发展的早期，人类的需求大体还停留在低层次水平，概括来说，这种需求就是生存和繁衍，即首先是自身的生存，接着是后代的繁衍。

---

[1] ［美］参见亚伯拉罕·马斯洛：《动机与人格》第四章"人类动机的理论"，许金声译，华夏出版社1987年版。

绪论

无论是自身的生存，还是后代的繁衍，人类首先面对的必然是大自然。人们必须向大自然索取，或采集，或渔猎，获取食物；必须在大自然中保护自己，构木为巢，掘地为穴，保护自己远离猛兽、严寒、风雨、洪水、林火的侵袭。进而，人们必须储备较多的食物，以防不测；必须保护火种以备取暖、煮烤食物、驱赶猛兽；必须义务地为老人和儿童提供食品和安全保护，以传衍后代。由此，处理好与各种自然物和自然现象的关系，就成了人们的当务之急、重中之重。

基于基本需求而形成的这种关系，规定了当时的人类实践活动，也促进了"万物有灵"观念的生成。面对强大的自然力量，人类在许多场合是无能为力的，因而有效利用自然力量以及规避与之发生冲突，就成为人类实践活动的重要内容，创制独木舟、羊皮筏以及编造葫芦与方舟的神话，也就是自然而然的了；同时，将自然界的万事万物都视若神灵，畏而敬之，加以标识，区别对待，也就不言而喻了。

吉祥观念以及吉祥物形成的社会基础和存在范畴，正在这里。

观念的战胜

人类实践活动之一的精神活动，五花八门，异彩纷呈。人们不仅认识自然、社会以及自身的思维，并加以概括总结；同时，也以观念的形式利用、改造外部世界。譬如面对大自然，人们不仅在认识的基础上加以物质的利用和改造，从而征服自然，使它为人类服务；有趣的是，同时也加以观念的利用、改造，让那些桀骜不驯的、作用有限的、具有间接效用及其他特点的自然事物，在观念中向人类屈服——或者发挥更大的、直接的作用，或做出其自然特性本身不能做出的贡献，如此等等。对此，我们无妨称之为"观念的战胜"，即人类在观念意识中对外在世界的胜利。

俗话说："天有不测风云。"云作为一种自然现象是不为人所左右的，在科学技术的蒙昧年代，从未被人加以物质的利用。然而，就是这来去无踪、游移不定的云朵，在人们的观念中却是服服帖帖地为人所用。人们称蓝天之云为"青云"，喻高官显爵，后世有"青云得路""青云直上""平步青云"等祝吉语，用来祝颂官运亨通，由此九霄青云遂为人利用。古有鞋头形似卷云的"云头鞋"，今有名为"步云"的新潮鞋，以及内联陞鞋店的幌子，都将天云踩在了脚下，正所谓"平步青云"。虎、豹乃凶猛之兽,但一经"大人虎变,君子豹变"的转化,猛兽被改造得"儒雅风流",成为祝颂的吉庆语汇。寒酸(让人联想到吴昌硕的《寒酸尉像》)的鹌鹑,竟会作为安居的表达;普通的鞋子,竟会成为谐和象征——和谐小康,去人(之观念)不远。

花猫、蝴蝶,鸟兽鱼虫中很不起眼的小家伙,它们作用有限,只不过捕捉耗子、传授花粉而已,别无长技,少有他用。然而在人们的观念中,它们却成为有益长寿的吉祥物。古语有耄、耋二字,"七十曰耄,八十曰耋",后世合称,指年高寿长,有"寿居耄耋""富贵耄耋"等祝吉词。可是,吉祥图纹要表达两字的意思,颇难下手。于是,人们运用谐音取意的手法,遂使花猫、蝴蝶成为"耄耋"的象征物。再如花瓶、马鞍,也不过是些普通的物什——若是金鞍、银瓶,倒还有些价值,否则也就平平。吉祥图案用它们来表达"平安"之意,便平添了足够的分量……

如此之类"观念的战胜"的例子,不胜枚举。既然吉祥观念、吉祥物有着"观念的战胜"的特点,那它的产生和存在就必然有观念意识的原因。是什么呢?

趋利心性

世界各地生活着不同的种族、民族，这些种族、民族的成员，不仅存在身体的差异，而且各自的心性、文化也都特立不群。不过，不同种族、不同民族的人，又有着某些共同的基本生理、心理特性。有关人类基本心理特征相同的理论，学术界称为"心性同一说"。这一学说包括的内容当然不只一二，这里挂一漏万，只约略地谈谈"趋利心性"。

趋利心性的"利"，不可狭隘地理解为利益、钱财，它泛指对人类有利的一切事项。简略概括来说，趋利心性是人类向往、追求吉祥和幸福，希望万事万物朝着有利于自身的方向发展，对事物发展往往做出有利于自身的解释，或赋予其有利于自身特征的一种心理特点。这里，向往、追求吉祥和幸福，希望万事万物朝着有利于自身的方向发展，是趋利心性的核心内容。

审视古往今来存在过、存在着的人们，不论何种民族、何种文化，无不具备这样的心理。没有人向往灾难、祸患，没有人希望万事万物朝着不利于自己的方向发展。宗教教义要求人们吃苦、禁欲，其指归也在于解脱原罪、了却前缘，导引人们进入所谓天堂或极乐世界。就此而言，宗教教义、

绪论

仪轨规范着的信徒的种种活动，同样也体现了趋利心性。

毫不例外，我们的民族也具备这样的趋利心性，而且发展得颇有些超乎寻常——尤其是在包含民俗信仰的观念领域。传统文化反思中曾经指摘的中国叙事作品的"大团圆"结局，便是一个显著例证。

对万事万物往往做出有利于自身的解释，或者赋予其有利于自身的特性，可说是趋利心性在人类意识活动中最为突出的表现。在本书述及的吉祥物之中，有的是不以人们意志为转移的自然现象，有的是用途单一的事物，有的自然属性于人无多益处；但所有这些，经过举国上下朝野士庶数十年的着意加工，它们都变得大大有益了。一朵青云成为飞黄腾达、青云直上的象征，一柱怪石成为长寿安康、永享天年的标志，瓜实瓜藤被寄以世代绵长、香火不绝的心愿，鹊鸣枝头竟能"来报喜，不是来财就是来亲戚"。可见，对于吉祥物、吉祥观念的产生，趋利心性至关重要。

全息思维

趋利心性是自人类出现以来，迄今仍然存在的人类共同心理特征；可以断言，它将是永恒的。然而，吉祥物观念的

9

形成，则有赖于产生、发达于远古社会的原始思维。对于原始思维，列维—布留尔有过精辟的论述。他拈出"互渗律"概念，概括了原始思维的特点。①列维—布留尔的"互渗律"，用现代全息科学来概括，也就是所谓"全息律"，即宇宙万事万物整体与部分、部分与部分之间，总是存在着某些方面的联系，表现出某种共同的特征。因此，原始思维其实可以概括为"全息思维"。

在全息思维产生的远古时代，人们对事物全息特点的认识，或许仅仅是一种猜想；然而今天，这却是为科学所证明的。首创"生物全息律"的我国科学工作者张颖清，在其著作中详尽地阐述了生物的全息特点。他着重指出的是，生物体的某一部分，往往与整体或其他部分有着类似性，承载着整体或其他部分的信息。比如玉米，其果实生长在植株的中部；作为部分的玉米棒子，也以中部颗粒质量最好。一般来说，杨树叶的形状与植株木大体相似，但砍伐后树桩滋生出来的灌丛，其叶子与普通杨树大不相同，而是像灌丛一样，呈倒卵形。不仅植物，动物也具有这样的特点。②

---

① 参见[法]列维—布留尔《原始思维》第二章，商务印书馆1981年版。
② 参见张颖清《生物体结构的三定律》第三章，内蒙古人民出版社1982年版。

在原始思维基础上遵从"互渗律"而进行的人类思维活动的成果,也正反映了全息思维和全息律的特点。创世神话中有所谓"尸体化生神话",是说某一文化英雄死后,其肢体分别化生为山河、草木、日月等。中国神话中的盘古,就是这样一位文化英雄。相传盘古开天辟地,天地从此诞生。盘古死后,他的眼睛、四肢、骨骼、肌肤、血脉、毛发等,分别化作日月、山脉、土地、山川、草木等。

这里,人体化生为天地万物,其思维的核心,就在于化生的新、旧两个部分有着类似性,互相承载着对方的某些信息。比如骨骼与山脉的坚实挺拔,血脉与河流的流动润泽,肌肤与土地的生长潜力,毛发与草木的生长特点。因此,这些事物之间可以"互渗",当然也就可以"化生"。

可以说,吉祥物正是上述思维规律的产物。人们或者把某种事物视作祥瑞,它的出现可以带来吉祥;或者将某种事物的固有属性延长,用它来获致另一种事物的特性;或者仅仅以两种事物名称的谐音,而将其他特点互渗、反射。吉祥物,它用人类思维初期的方式表达着人类千古永恒的主题。

吉祥的内容

吉祥物表达的中华民族千古永恒的主题，是什么呢？让我们先从"吉祥"一词说起。

像许多汉语词汇一样，"吉祥"一词在早期汉语里也是分离的。"吉"意为善、利，《穀梁传·哀公元年》云："卜之不吉则如之何？""祥"原本通指吉凶征兆，《左传·僖公十六年》云："是何祥也？"后来专指吉兆，故《易·系辞下》云"吉事有祥"；由此而生出幸福、吉利的意思，并与"吉"合称"吉祥"。

"吉祥"一词，战国时期就有比较普遍的运用。《战国策·秦策》云："蔡泽复曰：'天下继其统，守其业，……岂非道之符，而圣人所谓吉祥善事与？'"《庄子·人间世》亦云："虚室生白，吉祥止止。"（唐成玄英《庄子注疏》谓："吉者福善之事，祥者嘉庆之征。"）此后，"吉祥"一词便成为福禄喜庆、长寿安康、诸事顺利的祝吉之语。

福善之事、嘉庆之征，其具体内容是什么呢？面对这一问题，人们最先想到的，必定是"五福"。"五福"之说，始见于《尚书》。《尚书·洪范》曰："五福：一曰寿，二曰富，三曰康宁，四曰攸好德，五曰考终命。"这里，寿、富、康宁，意涵显豁，容易理解；"攸好德"意为"所好者德"，"考终命"则指善终、不横夭。"五福"具体指五种幸福，但更常被用来概括人生幸福。宋欧阳修《纪德陈情上致政太傅杜相公》诗云："事国一心勤以瘁，还家五福寿而康。"春联中亦常见"五福"一词，如："人臻五福；花满三春。""三阳临吉地；五福萃华门。"显然，五福为统括个人和家庭幸福之语。又，"五福"在民间还有另外的解释，指福、禄、寿、喜、财。此外，传统祝吉词中还有"三多"，说的也是所谓福善之事、嘉庆之征。三多指多福、多寿、多男子，源自《庄子·天地篇》里"华封三祝"的故事。所有这些，都是传统观念中吉祥的内容。这里可进一步概括、阐释如下：

一、长寿。长寿安康、永享天年，是人类共同的愿望，更是国人莫大的心愿。《洪范》"五福"，寿、康宁、考终命，可以说都是这方面的意思。民间五福中有寿，三多中有寿，足见寿在人们理想愿望中所占位置的重要。《洪范》五福中，寿排首位；吉祥图案有"五福捧寿"，是五只蝙蝠围绕"寿"字的纹图，寿占中心。我国古人认为，"人在一切在"，俗谚所谓"留得青山在，不怕没柴烧"，因而认为"五福中唯寿为重"。

中国人抱持的，大多是一种现世观。人们的理想、幸福，大多寄托于现实生命之中。不寻求现世的超脱，而是执著于现世，追求生命的长久乃至无限。基于这种观念，日常活动、礼仪活动中，为祝福长寿而安排的"戏码"便极多。许多食品以"寿"冠之，传统文体中有用来祝寿的寿序、寿诗、寿联等。缘此，创设专职、兼职的司寿之神（寿星以及王母、麻姑、八仙等）和祝寿吉祥物，也就顺理成章、自然而然了。象征长寿的吉祥物颇多，诸如万古长青的松柏，寿可千年的龟鹤，食之延年的灵芝、仙桃、枸杞、菊花，色彩缤纷的绶鸟，还有大花猫、小蝴蝶，等等。

二、多子。三多之一为"多男子"。五福中虽未直接点出多子，然而其中也不乏这一层意思。甚至于可以说，古人的幸福，就是有一大群孝顺、能干的子孙，俗语所谓"多子多福"。对晚辈来说，子嗣众多就是孝顺，否则"不孝有三，无后为大"；对长辈来说，子孙绕膝、含饴弄孙，是最大的福分。

子孙众多、世代绵延、香火不绝，这是中国古人的人生第一事业。而这种观念的经济基础，正是传统的园艺式小农经济，这种经济需要足够的劳动力，尤其是能够"田间力耕"的男劳力。同时，这种观念更在于国人家庭观念以及人生观的影响，因为显而易见的是，即使跨越了园艺式小农经济，这种观念仍旧无比的强固。

家庭、家族是传统中国最基本、最重要的社会单元,其地位历千年而不衰。这就形成了人们重视家族绵延的意识,也就自然波及繁衍后代的社会行为。正因如此,国人又将个人的一切都与家庭、家族联系起来。个人愿望的实现,不仅求之于一己之身,更延续于后代晚辈,这样,人们必然希望早生子、多生子了。由此而创作的吉祥物不在少数,诸如多子的石榴,宜男的萱草,送子的麒麟,绵延多实的瓜瓞,缠绕不绝的常青藤……

三、富贵。富,位列五福之二,指财物丰饶。贵,指地位尊贵,实质上也就是官高爵显。"富贵"合称,在于权势地位与金钱财富往往同根共生,富则贵,贵则富。它又略相当于所谓"禄",官高禄厚,则既富且贵。财富、地位,人们孜孜以求,这自不待言。为此而创造吉祥物,也就势属必然。此类吉祥物诸如:代表官位的古代礼器爵,朝官所执的笏,富贵花牡丹,百鸟之首的鹤以及等而下之的公鸡,与古代爵位侯、师谐音的猴子、狮子,当然也少不了司官之神——天官。

四、喜庆。中国民众是极其热爱生活的,希望生活中没有悲剧,喜剧连台。因此,人们特别注重"喜",即欢悦喜乐。喜的范围很是广泛,流传甚广的"四喜诗",点出了"久旱逢甘雨,他乡遇故知,洞房花烛夜,金榜题名时"四桩喜事。

除此而外，亲朋来访、家人团圆、得钱财、怀身孕，如此等等对人们有益的事情，都是喜；甚至连老人寿终正寝也是喜，俗所谓"喜丧""白喜事"。表现在吉祥物方面，除有喜神（以及掌婚姻的月老、促和谐的和合二圣）之外，又有专门的喜庆象征物，即喜鹊和喜蛛。又有"囍"，与其说是字，毋宁说更是吉祥符。此外如合欢、萱草、荷花、獾、鹦等，无不喜气盈盈。

五、其他。上述四个方面，是吉祥观念所谓"吉祥"的主要内容，三教九流、各色人等，人所共盼、人所共祷。此外，还有一些其他方面的内容，诸如政治的清明、社会的安定、生产的丰收、季候的和顺，冬去春来、万象更新，等等。

吉祥物的形成

吉祥观念的最佳体现，莫过于吉祥物。吉祥物是人们在事物固有属性、特征的基础上，经过着意加工，用来表达人物向往和追求吉祥幸福、如意顺遂、欢乐喜庆、和谐美好等情感、愿望的事物。这些事物从两个方向表达着人们的情感愿望，一方面积极，一方面消极。消极的方向，指抵御、驱除、镇辟那些不利于人的事物，如艾之疗毒祛疫，桃木之驱邪辟祟。积极的方向，指求致、获取、掌握那些有利于人的事物，诸如桃之延寿，芙蓉之荣华，石榴之多子，合欢之喜悦，牡丹之富贵，橘与鲤之吉利。吉祥物大多只具单方面的作用，有些则兼具两方面的特点。比如萱草，既可宜男，又能忘忧；又如灵芝，既可却病乃至起死回生，又能延年益寿。再如钟馗，既可捉鬼、又能引蝠——他擅长捉鬼，人们图绘形象张贴，以驱邪辟祟；又绘其仗剑捉蝠，谓之"钟馗引蝠（福）"。

毫无疑问，吉祥物是人们观念意识的产物，每种吉祥物都深深地打上了民族文化赋予的印迹，表达着人们的情感愿望。然而，古今种种吉祥物，又多是以自然物或其他事物做"替身"的。原有事物与以其为替身的吉祥物之间，有什么关系呢？或者进而说：吉祥物是怎样生成的呢？

自然属性、特点的延长

吉祥物的生成，有多种途径。不同类型的吉祥物，其生成途径也不同，诸如鸳鸯的因依自然属性，盘长的根据图纹特点，绶鸟的凭借谐音，吉祥神人的传说附会。就是同一吉祥物，其生成也可能有多种途径，诸如万年青的常青属性、谐音特点。大体来说，吉祥物的生成有以下几种途径。

首先是自然属性、特点的延长。吉祥物中的绝大部分是动物和植物。这些动、植物大都为人所熟知，人们对其属性、特点有着清楚的认识。脱离这些动、植物的自然属性和特点创造吉祥物，很难被人接受。相反，因依这些属性和特点，将其延长、引申，这样创造出的吉祥物往往更具魅力。

这种延长和引申，基本上是两种路向的。其一，着眼于生物特点。比如松柏冬夏常青、凌寒不凋，这种生物特点被引申为人的长生不老，用以祝福长寿万年；又如红梅、山茶，冬末开花，凌寒傲雪，先得春意，用以代表春光；合欢叶昼舒夜合，近于夫妇之意，用以祝愿夫妇和谐。虎为百兽之王，豹有韬晦之略，故而说"大人虎变，君子豹变"。

其二，着眼于实用价值。有些植物具有显著的实用价值，比如食用、药用等。桃可疗饥，不像李子，吃多了会"李子树下埋死人"，而是近于红枣的"百益一害"，有益于人身健康，加上神话传说的附会，就成为长寿象征。枸杞子为中药药材，可以强壮身体，故而用以祝福延年益寿，与菊合题"杞菊延年""杞菊犹存"。

谐音取意

汉语由于自身的特点,为谐音双关提供了广阔的天地。在汉语里,一个读音可能有好几个符号(汉字),能表达许多个意思。这样,利用语音的相同和近似,便可以取得一定的修辞效果。古诗中常见谐音双关,比如"道是无晴却有晴"之"晴"与"情"的双关。歇后语中,也有许多因谐音相关而成者,如外甥打灯笼——照舅(照旧)。吉祥物中的许多,也是因原物名称与吉祥主题语音相同或相近而生成的。这里略举几例:

福:蝙蝠,佛手　　百:柏,百合

禄:鹿　　　　　　事:柿子

寿:寿石,绶鸟　　吉:桔(橘)子

喜:喜鹊,喜蛛　　利:鲤鱼

传说附会

有些吉祥物的产生,既非本之于原物自身固有的属性与特点,也非凭借谐音双关,可以说,它们纯粹是附会的产物。

这些吉祥物，多与历史上的神学政治相关，诸如本书未曾收入的嘉禾、甘露、屈轶、朱草等，收入书中的龙、凤、麒麟等神物，喜鹊、蜘蛛、灵芝、吉祥草等普通事物，以及天官、寿星、八仙等神人。

龙为中国最大的神物，有些人视之为中华民族的图腾。自古以来，它就有至高无上的地位，为鳞虫之长，甚至俨然百兽之尊。关于龙的文字、图绘、模塑等，数不胜数。对其形象，古来有"三停九似"之说；对其德行，也有诸多说法；又传"龙生九子，各有所好"。其实，如此种种，都是传说附会而成。龙不过是虚构的庞然大物，不曾真实地存在过；关于它的许多传说，都可以认为是虚妄的。然而，由于吉祥观念的驱使，人们还是把它奉为吉祥神瑞，加以信仰、礼奉，给予各种方式的表现。

上述麟、凤等种种吉祥物，亦大多与龙一样，是神话传说附会而成的。

艺术加工

有些表现吉祥意义的事物，并不以实物的形式出现，而是仅以符图的形式存在。它们的生成，并非通过上述几种途径，而是经由艺术加工获得的。本书符图篇的诸种吉祥符，就是这样形成的。其中，十二章纹、海水江崖纹，均有实物存在，是这种实物的抽象反映。宝相花、缠枝纹、回纹，由自然物、自然现象集中、提炼而来，前两种更是概括了多种花卉的特点。卍、太极八卦图，是纯粹的抽象图案，具有象征标志的特点，不存在实物的原型。福、寿（壽）、囍，则是汉字艺术加工的产物。

除上述途径外，在吉祥物的生成过程中，文人与宗教的推波助澜，这两股作用力也起了巨大的作用，兹不赘述。

吉祥物的种类

本书所述及的吉祥物，除动物、植物、器物外，严格来说，神人、符图不能算"物"。不过，为了概括、论列的方便，我们更愿意在比较宽泛的意义上使用"吉祥物"概念。由此，本书就将吉祥物分作五种类型。

动物类。这类吉祥物是以动物为原型的。原型动物包含走兽、飞禽，也包括昆虫、水族，既包括野生动物，也包括家禽家畜，大到巨龙、大象，小到蜘蛛、蝴蝶。这类吉祥物，因其都是会动的，应用便多以图纹、模塑的形式出现。

植物类。这类吉祥物是以植物为原型的。原型植物包括乔木、灌木、花卉，等等。这类吉祥物的应用少有模塑，除用作吉祥图案的题材外，还多见栽植、清供。动物、植物类吉祥物，在总体中占有相当大的比重。

器物类。这类吉祥物以人工制造物为原型。原型器物的品种较多，有礼器，如爵、鼎；有货币，如古钱、银锭；有乐器，如琴瑟、磬；有衣饰，如鞋；有日用品，如镜；还有似是而非的，如寿石。这些物品大多是日常多见的实用器物，有的则兼具装饰和观赏价值，如花瓶、珊瑚等。

符图类，这类吉祥物实际上是吉祥符、吉祥图案。

吉祥物与吉祥图案

吉祥物由于大多不便以实物形式来表现，故而常以吉祥图案的形式出现。

吉祥图案乃传统装饰纹样的一种，它通过某种自然现象的寓意、谐音，或附加文字等形式，来表现人们的愿望、理想。吉祥图案是吉祥观念的艺术表现，反映人们对美好生活的向往和追求，对吉祥如意的希冀和期待。

吉祥图案的题材，主题就是前面提及的吉祥物，即动物、植物、器物、神人、符图等。它们的构成方式，与吉祥物的生成遵循着同样的规律，只不过在表达较为丰富的意义时，又将几种吉祥物搭配、组合了一番。吉祥图案因物寓意，物吉图祥，情意、景物融为一体，构思巧妙，主题鲜明，趣味盎然，富有独特的格调和浓厚的民族色彩。

我国的吉祥图案始源于商周，形成于秦汉，成熟于唐宋，兴盛于明清。在商周钟鼎彝器以及陶器纹饰中，富于吉祥寓意的图纹已露端倪，云雷、龙凤等纹饰已非鲜见，盘铭中已有"富贵""吉羊（祥）"字样。在汉代，寓意吉祥的图画开始出现，汉灵帝时的"五瑞图"是典型代表。三国时，吴主孙亮做琉璃屏风，其上雕镂"瑞应图"凡120种。其后，南北朝孙柔之撰有《瑞应图》一书。唐刘赓又有《稽瑞》一书，共集185条。此后，此类书册不断涌现。

到明代，吉祥图案大量出现，达到高峰。入清，吉祥图案可谓随处可见，举凡宫廷建筑、雕花木器、糊墙花纸、雕漆盘盒、各种绣品、诸样地毯、剪纸窗花、龙凤花烛、糕点模子、点翠首饰、锦地珐琅、夹金织锦、园林门窗、民间砖雕、商家招牌、木板年画、彩扎宫灯、象牙雕刻、玉石琢磨、彩画鸭蛋、织绣花边、雕花石砚、金漆镶嵌，以及漆画、瓷画、铁画等，都蕴有各式各样、丰富多彩的吉祥图样。①

吉祥物与现时代

显然，中国的吉祥物映现了传统文化的一些精神，诸如神学政治和伦理型社会特点等等。它是传统的，是过去时代留给我们的遗产。其中不免鱼龙混杂、泥沙俱下，有精华，亦有糟粕。吉祥物所反映的迷信、落后的观念，自然都应在剔除之列。同时，吉祥物更多中性或具有积极意义的东西，它们在现时代仍然具有一定的影响，闪耀着夺目的动人光华。

比如鸳鸯，"伦叙图"（"五伦图"）用其比喻夫妇之义，或许可以嗅到"三从四德"的意味，可它确实又是夫妻恩爱、生活和美的十分恰切的象征，在现时代亦有其存在的意义，正大光明，毋庸讳言。这一类吉祥物为数很多，将它们寓含的意义加以承传或新解，并与新的生活结合，同样可以反映人们的理想愿望、情感意绪。前文述及的奥运吉祥物，就是出色的典型范例。

从现实生活可知，现时代的人们正是在批判、继承的基

---

① 参见王树村《吉祥图案的发展及其它》，《吉祥图案题解》"序言"，知识出版社1988年版。

础上应用着吉祥物。凤凰、鸳鸯、喜鹊、花结、囍等吉祥物、吉祥符的广泛应用,便是明证。当代装饰设计及工艺品制作等,如果能在准确把握意义的基础上,恰当地移用吉祥物,若非雪中送炭,也将锦上添花;而其弘扬中华传统文化的等意义,则"往来多少事,尽在不言中"了。

一、动物篇

虎

记得萧丽红在长篇小说《千江有水千江月》中写道:

（女主人公贞观的三妗对她）接下道:"等你大了，你才不想肖虎呢，虎是特别生肖，遇着家中嫁娶大事，都要避开……"①

这里谈及生肖中的虎，点出了虎的"特别"。那么，虎究竟特别在何处?

在我国传统文化中，关于虎的俗信颇多。考其缘由，可知这些文化意蕴，首先源自虎的自然属性。虎为活食性食肉动物，山林中的猛兽，向来被称为"百兽之王""百兽之长"。

---

① 萧丽红:《千江有水千江月》"一"，中国友谊出版公司1987年版。

一、动物篇

《说文》曰:"虎,山兽之君也。"《风俗通》曰:"虎为阳物,百兽之长也。"虎的威猛、有力为人所歆羡,故而常被用来象征、比喻人事诸相。

古来有关虎的词令甚多,且都为人所喜闻乐见。"虎将"喻将军英武善战,"虎子"喻儿子之雄健奋发,"虎士""虎夫""虎贲"(虎奔)喻英雄好汉。威武雄壮的步伐称"虎步",睥睨雄视称"虎视",形势雄威称"虎踞",豪雄人杰奋发有为称"虎啸风生"。而老百姓称儿女为"虎娃""虎妞",喻其结实健壮,同时又平添"兴风狂啸者"对乳虎的柔情爱意。

不仅词令,借鉴虎的形体等,又有不少文化创造。比如"虎符""虎节",为调兵遣将的信物、兵权的象征。此外,文人创造了特殊的书体"虎爪书",医家发明了独特的健身术"虎戏"。时至今日,还有画家仍偏爱画虎,以其虎画而蜚声中外;有的书家工榜书虎字,以此而独擅胜场。

自然,作为百兽之王的虎,必定为神仙家、神学政治家所利用。关于它的由来,纬书《春秋运斗枢》谓"枢星散而为虎";关于它的休应,《宋书·符瑞志》说:"白虎,王者不暴虐,则白虎仁,不害物。"古人视白虎为"五灵"之一,亦称"玉虎"。《抱朴子》曰:"虎及鹿兔皆寿千岁,满五百岁者其色白。"白虎不仅是王者不暴虐的休应,也与圣人的出现有关，纬书《河图握矩记》曰："今訾野中有玉虎，晨鸣雷声，圣人感场而兴。"

此外，古来有"大人虎变""君子豹变"的说法，《易经·革卦》云："大人虎变，其文炳也。"《疏》曰："损益前王，创制立法，有文章之美，焕然可观，有似虎变，其文彪炳。"后常以喻大人物行止屈伸，非常莫测，如虎身花纹之斑驳多彩。吉祥图案有"大人虎变"，为山林猛虎的纹图，常见于画稿、什器、衣料等。

民间视虎为神兽，借它的威猛勇武来镇祟辟邪、保佑安宁，由此衍出许多习俗。《风俗通》云："虎者阳物，百兽之长也。能噬食鬼魅，……亦辟恶。"又云："上古之时，神荼虞兄弟二人，性能执鬼，度朔山上桃树下，简阅百鬼，百鬼无理，忘与人祸，神荼与虞缚以苇索，执以食虎。"于是后人常以饰桃人、垂苇索，画虎于门，用以驱邪辟祟。

端午节艾虎辟邪的习俗，在我国已有千年以上的历史。艾虎或以艾编成，或剪裁为虎、粘贴艾叶。端午节还有在小儿额头用雄黄酒画"王"字的习俗，其意也在于借虎辟邪。在日常生活中，虎的形象不仅在于消极辟邪，更在于积极祝福，虎头鞋、虎头帽、虎头枕等旧时民间常见的物什，都有这样的意义。虎身花纹斑斓，额纹颇似"王"字，因而民俗物品中虎的形象也常是额头饰"王"字,俗称"虎头王"。

要说的是,旧时还有"虎媒"的传说,讲述一则动人的婚恋故事,也给虎平添了几分吉祥意义。据唐人小说记载:唐乾元初年,吏部尚书张镐把女儿德蓉许给了裴冕的儿子越客,相约来年成婚。不料尚书被贬,疑虑女婿来年未必赴约。到迎娶那天,得知越客正在赴约途中,尚书举冥,忽有猛虎将姑娘衔走,径直送到越客旅居之处,遂得成婚。后来贵州、陕西等地民间往往建筑"虎媒祠",以纪其事,也祝愿有情人终成眷属。

豹

豹与虎一样,同为山林猛兽,汉语中常以虎豹合称。从生物学角度看,虎、豹也有相似之处。《说文》曰:"豹,似虎,环义。"豹因其毛色斑纹而分成多种,《正字通》曰:"白面,毛赤黄,文黑如钱圈,中五圈、左右各四者,曰金钱豹,宜为裘;如文叶者,曰艾叶豹,次之;色不赤、毛无文者,曰土豹;《山海经》记有玄豹,黑文多也;《诗》载有赤豹,尾赤纹黑也;又西域有金钱豹,文如金钱。"

与虎相较,豹虽次之,但也是百兽中的佼佼者。其体势瘦劲矫健，也威猛英武。同时，豹纹绚丽多彩，美轮美奂；尤其是金钱豹，不仅美观，还有吉祥意义。明、清两代，文武百官有"补服"（亦称"补褂"），前胸后背缀方形"补子"，织绣动物图案，用以标志官员的品级。一般文官绣禽，武官绣兽，明代三、四品武官分别绣虎、豹，清代则三品武官绣豹。

古时有一种旌旗，称作"豹尾"，为橘红色布帛上画豹纹而成。这种旌幡，其中一种是饰于仪仗，如豹尾枪、豹尾幡。宋代，凡命节度使，有司配给门旗二，龙、虎旗各一，旌一，节一，麾枪一，豹尾二。又清制，豹尾枪由侍卫执之，称"豹尾班侍卫"，随从于皇帝之后。另一种是悬于车辇，称"豹尾车"，是皇帝属车的最后一辆。汉代蔡邕《独断》谓："古者诸侯贰车九乘。秦灭九国，兼其车服，故大驾属车八十一乘也，法驾半之，……最后一车悬豹尾……"显然，这里的豹尾为爵禄、荣誉的象征。《世说新语》注引《晋阳秋》云："明帝伐王敦，充率众就王含，谓其妻曰：'男儿不建豹尾，不复归矣！'"

豹子虽然是啸傲山林的猛兽，却也颇有些"韬略"。古兵书《六韬》中有"豹韬"八篇，后因称用兵之术为"豹韬"或"豹略"，庾信《从驾观讲武》诗即云："豹略推金胜，龙图揖所长。"豹韬具体内容如何，且不必细究；古语中的"豹隐"，却颇能透露其间的信息。

一、动物篇

所谓"豹隐",是说豹善于隐藏其身、润泽毛色。刘向《列女传·陶答子妻》记载了战国时有位叫"答子"官员,治理陶地(今山东定陶西北)三年,名声没有起色,财富却增长了三倍。妻子数次劝谏,毫无作用。任满五年离职,满载百车而归。家族里的人们宰牛庆贺,唯独妻子却抱着孩儿哭泣。婆婆觉得扫兴、不祥,答子妻却有自己的道理,她说:"夫子能薄而官大,是谓婴害;无功而家昌,是谓积殃。昔楚令尹子文之治国也,家贫国富,君敬民戴,故福结于子孙,名垂于后世。今夫子不然,贪富务大,不顾后害。妾闻南山有玄豹,雾雨七日而不下食者,何也?欲以泽其毛而成文章也,故藏而远害。犬彘不择食以肥其身,坐而须死耳。今夫子治陶,家富国贫,君不敬,民不戴,败亡之征见矣。"

答子妻所提及的玄豹的作为,正是"豹隐"。这种作为,颇与传统社会的为人处世之道吻合,故而也就被视作君子风范。俗语谓"君子豹变",或者就与此有关。《易经·革卦》云:"君子豹变,其文蔚也。"孔颖达《疏》:"亦润色鸿业,如豹之蔚缛,故曰'君子豹变'也。"后来,"君子豹变"用以比喻润色事业,或迁善去恶。

传统图纹中的豹,有仿其脚纹而成的"豹脚纹",多见于建筑,或雕镂,或彩饰。更突出的是吉祥图案"君子豹变",为豹子的纹图，多见于画稿、文具、什器等，因其与君子人格的联系，而颇受文士的喜爱。古瓷又有"豹头枕"，见于唐三彩等。俗说这种枕头可以辟邪，唐人张鷟《朝野佥载》载："逆韦之妹，冯太和之妻，号七姨，信邪。见豹头枕以辟邪，白泽枕以去魅，作伏熊枕以为宜男。"民间俗信自有其"道理"，"邪"之与否，且不去管它；而这位七姨的民俗物品创造力，倒是良可嘉赏——毕竟，她对传统文化还颇有些知识，不曾数典忘祖的。

狮

传统文化里，虎有"百兽之王"之誉，狮子也有同样的誉称。从文献记载可知，狮子又名狻猊、狻麑，远比虎豹凶猛。《尔雅》曰："狻麑……食虎豹。"《注》曰："即狮子也，出西域。"又《宋书》曰："外国有狮子，威服百兽。"

也许是出自西域的缘故，狮子较少玄秘的光环。但既然是凶猛过于虎豹的"百兽之王"，这种动物界的地位和能量，便被借以象征人世的权势、富贵。旧时，宫殿、衙署门外两旁大多蹲有石狮，卷发巨眼，张吻施爪，俗称"石狮子"。皇家宫殿前亦有铜狮，如故宫太和门前有铜狮，乾清门前有鎏金铜狮。门旁蹲狮多为一对，左边为雌，脚下踏小狮，右

一、动物篇

边为雄，右脚踩一绣球。这类石狮最初取义于镇宅驱邪，后来成为官府威势的一种象征，抑或寄寓太师、少师之意。明、清补服的补子绣有狮子，为二品武官的标志。

在古籍里，"狮"多写作"师"，音义皆同。后因区别字义而新造"狮"字，这正好给民众谐音取意提供了契机，以"狮"谐"师"，表达吉祥意愿。只是这"师"，却不是孔夫子所言"三人行必有我师"的"师"，而是古官制太师、少师之"师"。太师为三公之一，少师为三孤之一，都是指导、辅弼天子为政的高官。太师、少师居三公、三孤之首，地位最为显赫。因此，人们常以此祝颂人们官运亨通、飞黄腾达。表现在图绘上，有"太师少师"图，用大小两只狮子，分别代表太师、少师。

吉祥图案里，又有"双狮戏绣图"，民间俗称"狮子滚绣球"，也表示喜庆、吉祥的意思。俗传雌、雄二狮相戏时，它们的毛缠在一起，滚而成球，小狮子便是从中产出。这样，绣球也就成了吉祥之物，它的各种变形图称作"绣球锦""绣球纹"，广泛应用于衣料、建筑、家具、什器等方面。民间又有狮子舞，旧称"五方狮子舞"，为年节以及其他节庆活动的重要节目之一。一般为模塑、彩扎狮头、狮身外套，人执狮头，居外套中，模仿狮子行走坐卧、俯仰跳跃。又有人执绣球在前逗弄，所谓"耍狮子"。这种传统民间舞技，不仅遍及大江南北，也早已漂洋过海、传遍世界。

狮子既然凶悍异常，具有比虎豹大的威慑力量，当然也就可以驱辟邪祟。古代陵墓雕刻（镇墓兽与石象生）常有狮子，用以镇墓，也标示墓主的身份、地位。普通人家门前置石狮，用意也在于此。又，河南某地人家堂屋八仙桌上摆泥塑石狮一对，用于镇宅；绍兴古桥的两端各蹲一对石狮，用以镇水防灾。北京卢沟桥栏杆上石刻群狮，固然是精美无匹的艺术品，也不无镇厌的意义。

此外，狮子还在佛教文化中占有一定的地位，这也给它增添了某种神圣、吉祥的意义。佛教经典喻佛陀为狮，《大智度论》云："佛为人中狮子"，又《释氏要览》引《治禅经后序》云："天竺大乘沙门佛陀斯那天才特拔，诸国独步，内外综博，无籍不练，世人咸曰'人中狮子'。"佛所坐卧，称"狮子座""狮子床"。宋代，僧人在重阳节举行的法会称"狮子会"。还有"狮子吼"，俗世比喻悍妻的怒詈，佛教却比喻佛陀讲经，声震世界。《维摩经·佛国品》云："演法无畏，犹狮子吼。其所讲说，乃如雷震。"四大菩萨里智慧象征的文殊菩萨，其坐骑也是狮子。

一、动物篇

象

象为大型哺乳动物,气力强大,但却性情温顺。它的形体比较特别,古人曾指出:"象之为兽,形体特诡,身倍数牛,目不逾狶(猪),鼻为口役,望头若尾。"大象门牙突出,其长无匹,曾为名贵的手工艺材料。象的其他部分,也都具有很高的实用价值。《尔雅·释地》云:"南方之美者,有梁山之犀、象焉。"《疏》曰:"犀、象二兽,皮、角、牙、骨,材料之美者也。"

如今在我国,尤其是北方,大象并不多见。但卜古之时,我国中原地区,大象并非仅见。相传古代圣王舜、禹葬时,象为耕田,鸟为耘地,王充《论衡》即云:"舜葬于苍梧,象为之耕;禹葬于稽,鸟为之田。"后世以"象耕鸟耘",比喻民风淳朴,有舜禹时代的遗风。

象既然与古圣王舜、禹有关,也就必然为神学政治所利用。纬书《春秋运斗枢》谓"摇光之星散为象";《宋书·符瑞志》云:"白象者,人君自养有节则至。"又传古时有"象舆",亦称"山车""象车"。对此,古人解说有二,其一谓象驾之车,《韩非子·十过》云:"驾象车而六蛟龙";其二谓象征太平盛世的瑞物,《宋书·符瑞志》曰:"象车者,山

中国吉祥物

之精也,王者德泽洽四境则出。"又司马相如《上林赋》曰:"青龙蚴蟉于东厢,象舆婉蝉于西清。"注谓:"山出象舆,瑞应车也。"总之,不论如何释说,象舆都是君主贤明、政清民和、天下太平的吉祥瑞应。

象牙是大象身上最为贵重的部分,历来倍受人们珍爱,并成为富贵与地位的象征。古时,朝臣的手板(笏)只有一到五品方为象牙所制,其余都用木制。象箸、象栉、象环、象簪,也多为显贵人家之物,不为平民百姓所有。此外,以象牙装饰的象床、象觚、象管等,也都为名贵之物。如今,象是世界性保护动物,象牙采、贩更是各国所严厉打击的。

如前所述,象性情温和柔顺,而且仪态安详端庄。《南州异物志》指出:象"驯良承教,听言则跪……服重致远,行如丘徙";陆龟蒙《象耕鸟耘辨》曰:"兽之形魁者无出于象,行必端,履必深。"这些特点,都可谓君子人格乃至太平盛世的体现。故此,人们视象,尤其白象的存在为吉祥瑞应,更将其图绘于物什,表达祈盼太平盛世的心愿。

象的纹图,最早多见于钟、鼎彝器等物,商周青铜器纹饰有"象纹";后来则应用于画稿、家具、什器、建筑等。相关吉祥图案如:

吉祥——小孩骑象的纹图。

一、动物篇

吉祥如意——童子（或仕女）骑象持如意的纹图。

太平有象——象背驮花瓶的纹图。

古时，花瓶、香炉左右耳环有取大象眼、鼻形状者，亦称"太平有象"。又有象尊，出土的此种祭器多为铜铸象形、凿背为尊者。

麒麟

麒麟是传说中的仁兽。只因其为传说之兽，故而关于其形象的描绘古来多极。普通的说法是：麒为雄，麟为雌，麋身，马足，牛尾，一角，角端有肉。《说文》曰："麒，仁兽也，麋身牛尾，一角；麠（麟），牝麒也。"《汉书·武帝纪》颜师古注："麟，麋身牛尾，狼头，一角，黄色，圆蹄，一角，角端有肉。"麒麟的出身也不平凡，纬书《春秋运斗枢》谓"机星散则得麟生"，《春秋保乾图》称"岁星散为麟"。

麒麟为仁兽，是"四灵"之一。它与四灵中的另外三种一样，与神学政治关系密切。对此，古代典籍中有径直阐说者，或正说，如《毛诗义疏》："王者至仁则出。"《太平御览》引《春秋感精符》："王者不刳胎、不破卵，则出于郊。"又："王者德化旁流四表，则麒麟臻其囿。"或反语，如《礼记·礼运》：

"天不爱其道,地不爱其宝,人不爱其情,故麒麟在郊薮。"有陈述先史事迹以警策者,如《尚书》:"黄帝时,麒麟在囿。"

关于麒麟的品德,古来记述也颇详尽,其中心不外乎仁。西凉武昭王《麒麟颂》曰:"一角圆蹄,行中规矩,游必择地,翔而后处,不蹈陷阱,不罹罗罝。"《宋书·符瑞志》曰:"含仁而戴义,不饮洿池,不入坑阱,不行罗网。"讲得最为全面的,要算汉代刘向《说苑》:"含仁怀义,音中律吕,行步中规,折旋中矩,择土而后践,位平然后处,不群居,不旅行,纷兮其质文也,幽闲则循循如也。"总之,是一副仁厚君子的谦谦风度。此外,麒麟的特性尚有:为"毛虫之长"(《征祥记》),"毛虫三百六十而麟为之长"(《大戴礼记》),"寿千岁"(《抱朴子》)。

以上诸说,固然是麒麟成为中国吉祥物不可或缺的方面,但更重要的因素,乃源自"麒麟送子"这一文化事象。这一文化事象的源头,自当溯及孔子。孔夫子的诞生,有"麟吐玉书"之说,事见《拾遗记》等。

相传孔子兄长孔孟皮患有足疾,不能担当祭祀之事。于是孔子父母到尼山祈祷,盼望再有个儿子,因而有孕。有天夜里,忽有麒麟踱进孔家所居的阙里,口吐方帛(所

一、动物篇

谓"玉书"），第二天孔子就诞生了。玉书上写着"水精之子孙，衰周而素王"，是说孔子有帝王之德，却生不逢时而未居其位。

孔子生活的年代，"礼乐征伐自诸侯出"，礼崩乐坏，社会动荡不安。孔子一生四处奔波，希望见用于当世，施行仁政，但当时各国君主舍王道而谋霸道，孔子始终无用武之地，晚年退而从事删述，为我们留下了可贵的儒家经典。后有麒麟见于郊野，为人所残，孔子喟叹麒麟"出非其时"，所著《春秋》于此绝笔，故《春秋》别称"麟经""麟史"。

麒麟而与圣人的诞生关联，自然是超级祥瑞，缘此便有了传统文化中的种种"麒麟事象"。称赞人家孩子，有"麒麟儿"之美称，或曰"麟子""麟儿"。如《陈书·徐陵传》："时宝志上人者，世称其有道，陵年数岁，家人携以候之，宝志手摩其顶，曰'天上石麒麟也'。"杜甫诗《徐卿二子歌》曰："君不见徐卿二子生奇绝，感应吉梦相追随，孔子释氏亲抱送，并是天上麒麟儿。"西汉时期，汉武帝在未央宫建有麒麟阁，图绘功臣肖像，这自然也将麒麟与才俊联系了起来。

如果说"麒麟儿"还只是泛泛的言说，那么"麟子凤雏"意涵就具体多了。麟子凤雏虽用以比喻贵族子孙，同时也强调其仁厚贤德，因为作为"仁兽"的麒麟即具仁厚之德。古语又有"麟趾"，出自《诗·周南·麟之趾》："麟之趾，振振公子，于嗟麟兮。"这是说周文王的子孙知礼行善，后世则用以祝颂子孙贤惠。故宫慈宁宫明清两朝后妃所居，慈宁门前置有鎏金麒麟，寓意自然在于麟子频出，且仁厚贤德。

旧时常以"麟趾呈祥"作为结婚喜联的横额，祝颂生育仁厚的后代。婚联有云：

友以瑟友以琴，梅花香度桃花暖，
麟之趾麟之定，仙人信付玉人来。

贺生子联则曰：

石麟果是真麟趾，雏凤清于老凤声。

小儿长命锁有以金银打制成麒麟形状者，以寄"麟子"之意。又玉琢麒麟，既为珍物，也表达吉祥意义。

以金石铸锻、雕凿麒麟，应用于宫殿、官场，沿袭了汉代"麒麟阁"的寓意。唐时官服有麒麟袍，绣有麒麟的图形。《旧唐书·舆服志》载："延载元年五月，（武）则天内出

一、动物篇

绯紫单罗铭襟背衫，赐文武三品以上。左右监门将军等饰以对师（狮）子，左右卫饰以麒麟……"清代武官一品补服，其补子织绣麒麟，可见麒麟在朝官品级中的地位。

民俗文化中关系到麒麟的，最著名当属"麒麟送子"了。显然，这与孔子诞生的"麟吐玉书"有些瓜葛。历史上又有"天仙送子"的传说，麒麟便由原本直接象征有出息的子孙，转化为可求子嗣的送子灵兽。麒麟送子的主题，不仅见于图画之作、祝颂之语，也见于岁时活动，表现方式可谓丰富多彩，意在于祈求、祝颂早生贵子、子孙贤德。

"麟麟送子"的吉祥图案，可分作繁简两种。繁者或以童子为中心，戴长命锁，持莲抱笙；或为童子骑麒麟，麟角或挂一书；或为童子背后有仕女护送，仕女张伞持扇。简者为童子骑麒麟，手持莲花。这种图案多见于旧日的结婚、寝室用品，也用于祝贺出生的饰物，建筑应用亦不少见。麒麟送子版画或有刻对联者，联语为："天上麒麟儿，人间状元郎。"

在民间岁时活动中，尚有"麒麟送子"的活报剧。胡朴安《中华全国风俗志》载，近代湖南长沙就有这种习俗：新正之月，每当耍龙灯的到主家时，要加送礼物，这样，人们就将龙围绕不孕妇女舞一圈，然后将龙身缩短，上边骑一小孩，在堂前绕行一周，便算是麒麟送子。

鹿

鹿与象一样，形体也比较奇特，四肢细长，牡鹿生有枝角。鹿的实用价值很高，皮可缝衣铺床，毛可制笔，旧时鹿茸更为名贵的中药材。在古代，鹿皮制品与隐士有着不解之缘，鹿衣、鹿帻、鹿皮冠都为隐士所用，这大约是隐士与鹿同为山居野处的缘故。然而，鹿作为吉祥物，更多地与尘世的君臣、百姓相关联。

在封建时代，鹿是帝位的象征，"逐鹿中原""鹿死谁手"两个成语，都以鹿喻帝位。《汉书·蒯通传》曰："秦失其鹿，天下共逐之。"《注》谓："张宴曰以鹿喻帝位。"又《晋书·石勒载记》曰："勒笑曰'朕若逢高皇，当北面而事之，与韩、彭竞鞭而争先耳。脱遇光武，当并驱于中原，未知鹿死谁手。'"显然，这是以日常的畋猎比喻政治上的角逐，鹿仅是喻体而已。

与此同时，鹿也被纳入神学政治的范畴，成为社会政治的休应。纬书《春秋运斗枢》曰："瑶光散而为鹿。"《礼斗威仪》云："君乘水而王，其政和平，北海输白鹿。"《宋书·符瑞志》云："白鹿，王者明惠及下则至。"《瑞应图》亦曰："天鹿者，能寿之兽，五色光辉，王者孝道则至。"又曰："王者承先圣法度，无所遗失，则白鹿来。"此外，《后汉书》还记载了白鹿随驾，主人后来升迁的兆验。

　　鹿是我国常见动物，历史悠久，《诗经》中就曾多次提及。它有一个别名，称"斑龙"，足见人们对其宝爱的程度。古人察知鹿性善惊，故以"鹿惊"借喻惶恐失措之状。此外，鹿具有群居的特点，"食则相呼，行则同旅，居则环角向外以防害"（《花镜》）。人们将这种习性推及人类，以鹿喻宾朋，以"鹿鸣"为宴会宾客之乐。《诗·小雅·鹿鸣》云："呦呦鹿鸣，食野之蘋。"《诗序》解释说："'鹿鸣'，燕群臣嘉宾也。"古时有所谓"鹿鸣宴"，便是如此。

　　俗传鹿为长寿仙兽，神仙怪异之书多所载记。《抱朴子》云："鹿寿千岁，满五百岁则其色白。"《述异记》亦云："鹿一千年为苍鹿，又五百年化为白鹿，又五百年化为玄鹿。"既然鹿为长寿之兽，食其肉当可长寿，故有"玄鹿为脯，食之寿二千岁"（《述异记》）。同时，人们又以鹿为长寿象征，在多种场合用以表达祝寿、祈寿的主题。在传统寿画中，鹿常与寿星为伴，以祝长寿。

　　鹿因谐音而表达吉祥意义的应用最为广泛。首先，鹿音谐"禄"，在吉祥图案中表示禄（福气或俸禄），为民间"五福"福、禄、寿、喜、财中的一种；一百头鹿的纹图称作"百禄"，鹿和蝙蝠在一起的纹图名曰"福禄双全"或"福禄长久"；

43

鹿和"福、寿"二字搭配则称"福禄寿"。其次,鹿音谐"路",如两只鹿的纹图为"路路顺利"。再次,鹿音谐"陆"(六),如鹿与鹤的纹图题作"六合同春"或"鹿鹤同春"。

猴

猴为常见的攀援类动物,在传统文化中也有一席之地。"猿啼"与"虎啸",在古诗文中所见同样频繁。尤其古典小说《西游记》塑造了美猴王孙悟空之后,猴的文化意蕴更加深厚。然而,作为吉祥物,则几乎仅仅在于猴与"侯"音的相谐。

侯是我国古代五种爵位之一。《礼记·王制》云:"王者之禄爵,公、侯、伯、子、男,凡五等。"后世五爵虽有变化,比如汉代只有王、侯二等,明代只有公、侯、伯三等,但历代都有侯爵。人们希望加官封侯,为表达此种心愿,便选猴为侯的象征。这种情形多见于吉祥图案,如:

封侯挂印——猴向枫树上挂印的纹图。
马上封侯——猴骑马的纹图。

这两种图案多见于古代官府屏、壁之上,亦见于画稿、文具、什器、配器等。

此外有"辈辈封侯"图，为母猴背（谐"辈"音）子猴的纹图，多见于画稿、文具和玉雕佩器等。另外，母猴背子的纹图也有伦理人情的寓意。俗传猴母子情笃，堪为人表。《太平御览》引周景式《孝子传》云："余尝至绥安县，逢徒逐猴，猴母负子而没水。水虽深而清，以戟剌之，自胁以下中断，脊尚连。抄着舡中，子随其母傍，以手扣子而死。"

兔

兔为十二属相之一，是一种玲珑柔顺的动物。它最初虽为野生，但与人们的生活有着相当密切的关系。在汉语中，有关兔的成语典故很多，著名的要算出自《韩非子》的"守株待兔"，此外如兔死狗烹、兔死狐悲、得兔忘蹄等等。在民间社会里，有关兔的俗信也很多，诸如"食兔髌者，令人生髌"（《风俗通》），"妊娠者不食兔肉，令儿口缺"（《博物志》）。孕妇妊娠期间吃兔肉生子豁唇，几乎是家喻户晓的俗信。

从积极的方向来看，兔也有着比较深厚的文化蕴含。首先，它经神学政治的解说，与时政治乱联系起来。《春秋运斗枢》讲其出来："玉衡星散而为兔。"《瑞应图》等述其征祥："赤

45

兔者瑞兽，王者盛德则至。""白兔，王者敬耆老则见。"(《宋书·符瑞志》)《抱朴子》称"兔寿千岁。五百岁其色白"。又《后魏书》载有兔无端入于后宫，崔浩推知当有邻国贡嫔嫱者，后来果然如是。

在前述基础上世俗化，兔又与一般人的运遇联系起来。谢承《后汉书》曰："儒叔林为东郡太守，赤鸟巢于梁，兔产于床下。"《隋书》等所记更为详尽："华秋，汲郡临河人也。幼丧父，事母以孝闻。家贫，佣赁为养。其母卒，秋发尽脱落，庐于墓侧，负土成坟。有人欲助之者，秋辄拜而止之。大业初调狐皮，郡县大猎，有一兔，人逐之，奔入秋庐中，匿秋眯下。猎人至庐，异而免之。自尔，此兔常宿庐中，驯其左右。郡县嘉其孝感，具以状闻。"这里的兔已经不再那么玄秘莫测，而成为普遍的瑞兽，成为普通的祥瑞之征。

兔的吉祥特性，最突出地表现在"蛇盘兔"的民俗信仰中。这里的蛇与兔，是就婚配属相而言的。传统民俗信仰里，有婚配属相相生相克之说，某些属相的人不宜婚配，否则将有灾异，比如所谓"白马犯青牛，鸡猴不到头"。有的则会美满幸福，属蛇与属兔就是如此。民众认为，蛇机智、灵动，善于敛财，又俗信以为梦蛇兆财；同时，兔柔顺、温和，善于守财，古时又早有"兔走归窟"之语，兔和蛇是两个吉利的婚配属相。故而俗语有云："蛇盘兔，必定富。"

民间吉祥图案中也有"蛇盘兔"的纹图，应用极广。剪纸有之，字画有之，有的用作窗花，有的则巧妙地组成一个大"福"字，彩绘或雕镂于照壁、屏风上。此外，山东一些地区渔民还有一种以兔为吉祥物的俗信，丘桓兴《中国民俗采英录》记云："谷雨清晨，妻子待丈夫一进屋，便出其不意地把白兔塞进他怀里，原来'打个兔子腰别住'是本地的古老风俗。她让丈夫怀揣象征吉祥、幸福的白兔，是在祝福亲人出海平安，捕鱼丰收。"

我国古代神话传说谓月中有玉兔，《太平御览》引晋傅玄《拟天问》："月中何有？玉兔捣药。"因此，后世常称月亮为玉兔、兔轮、兔魂，称月影为兔影。唐人韩琮《春愁》诗云："金乌长飞玉兔走，青鬓常青古无有。"元稹《梦上天》诗云："内瞻若水兔轮低，东望蟠桃海波黑。"……这些，也给兔增添了一些清逸、祥瑞的色彩。

羊

羊是普通的家畜，自古便为"六畜"（牛、马、羊、豕、鸡、犬）之一。早在《诗经》里就有关于羊的记载，《诗·王风·君子于役》云:"日之夕矣,羊牛下来。"羊的种类颇多,有山羊、绵羊、羚羊等。羊肉自古便是公认的美食,据说汉字"美"就是因借羊而创造出来的,俗说所谓"大羊为美"。羊又是古代珍贵的祭品,太牢、少牢中都有羊。

普普通通的家畜羊,由于其与人类生活的密切关系,也逐渐被涂上了神秘的色彩。解说其来历者曰:"千岁之树精为青羊"(《玄中记》);指摘其名称者曰:"羊,一名美髯须主簿(《古今注》);神学政治则称"钟律合调,则玉羊见"(《瑞应图》)。历代正史又都记有所谓"羊祸",即以羊患瘟疫大批死亡或有关羊的异常现象,附会人事灾变;王充《论衡》又称"獬豸者,一角之羊也。性知有罪,皋陶治狱,其罪疑,乃令羊触之"。

进一步,再由玄秘而发展为吉祥,经过一个观念领域的升华、转化,原本普通的羊,又与世俗生活联系起来。它既可避祸,"悬羊头门上,除盗贼"(《杂五行书》);又体现人伦之美、寓意吉祥,"凡贽,乡用羔。羔饮之其母必羊跪,类知礼者。羊之为言祥,故以为贽"(《春秋繁露》)。显然,这里羊已被视作吉祥物。尤其是羊羔跪乳——羊羔跪着吃母乳,向来被视作孝顺、感恩的典范,收到提倡,《增广贤文》所谓"羊有跪乳之恩,鸦有反哺之义"。

一、动物篇

不过，羊作为吉祥物，主要还在于另外两个方面。就文字角度来说，古时"羊"通"祥"，所谓"羊，祥也"（《说文》），"羊之为言祥"，"吉祥"多写作"吉羊"。清阮元《积古斋钟鼎彝器款识》汉洗部分的"大吉羊洗"，铭云："大吉羊，用。"又"汉元嘉刀"，铭云："宜侯王，大吉羊。"汉瓦当中亦有"大吉羊"字样。古时有所谓"羊车"，除实指羊拉小车和佛教的小乘之外，又指宫内所乘小车，"羊"通"祥"，取吉祥之意。《周礼·考工记》云："羊车二轲。"郑玄《注》曰："羊，善也。善车，若今之定张车。"《隋书·礼仪志》亦称"羊车，一名辇，其上如轺，小儿衣青布袴褶，五辫髻，数人引之"。

又，古时"羊"亦通"阳"。《史记·孔子世家》"眼如望羊"，《释名·释姿容》曰："望羊：羊，阳也。言阳气在上，举头高，似若望之然也。"不仅文字上如此，古人还从羊的习性上解释它与"阳"的相通。《太平御览》引《新言》曰："是月草木萌，羊能啮草，鸡啄五谷，故悬二物助阳气"。

祝吉语有"三阳开泰"，语出《易经·泰卦》：正月为泰卦，三阳生于下，取其冬去春来，阴消阳长，有"吉亨"之象，多用于岁首祝颂。这句祝吉语表现于图画，便是三只羊在一起，或三只姿态各异的羊仰望太阳的纹图，见于书画稿、什器、文具、建筑等，明、清瓷器、瓷板画中亦多见。

蟾蜍

蟾蜍也就是一般所说的癞蛤蟆，也称蟾诸、蟾蟧。民间有语云："癞蛤蟆想吃天鹅肉——净想好的。"其实，古时候蟾蜍之神异远甚于天鹅。古代神话认为，月中有蟾蜍，故称月为蟾，又有蟾兔、蟾窟、蟾魄、蟾轮等语指代月亮，有关月亮的事物也冠之以蟾，如蟾光（月光）、蟾宫（月宫）、蟾桂（月中之桂）、蟾阙（月宫）等。《淮南子》云："日中有踆乌，月中有蟾蜍。"《后汉书·天文志》刘昭《注》又云："羿请无死之药于西王母，姮娥窃之以奔月，……姮娥遂托身于月，是为蟾蜍。"这是说月中蟾蜍为嫦娥所化。

旧说蟾蜍可以辟兵，也有益于长寿。《太平御览》引《抱朴子》云："蟾蜍寿三千岁。"又云："肉芝者，谓万岁蟾蜍，头有角，颔下有丹书八字……以五月五日日中时取之，阴干百日，以其足画地，即为流水。带其左手于身，辟五兵，若敌人射己者，弓弩矢皆反还自向也。"利用蟾蜍规避兵器的办法，是"以月蚀时，刻三岁蟾蜍喉下有八字者血，以书所挂刀剑"。

又有金蟾，为三足大蟾蜍，俗以为灵物。古人认为得之可以致富，故其形象寓意财源兴旺、幸福美好。吉祥图案有"刘海戏金蟾"。刘海多称刘海蟾，是有名的仙人，曾为八仙之一。据传他本名操（一说名驾），五代时人，仕燕王刘守光为相，后从钟离权、吕洞宾学道成仙，号海蟾子。后世人以之为福神。传统纹图中，其形象为一蓬发少年。"戏金蟾"图为刘海蟾手执连钱之绳，戏钓金蟾。此图又题"刘海洒钱"。

蝙蝠

民间俗传蝙蝠为老鼠变化而成——老鼠食盐，即变作蝙蝠，故其首及身如鼠，又有"飞鼠""仙鼠"之称。之所以有此俗信，原因在于其形象奇特。按现代动物学分类，蝙蝠为翼手目动物的通称，是具有飞翔能力的哺乳动物。蝙蝠前肢除第一指外均极细长，指间及前肢与后肢之间有薄而无毛的翼膜，故能飞翔。又，蝙蝠昼伏夜出，夜间活动，白昼栖息。

正是因为蝙蝠形体和习性的奇特，古人便视其为神异。相传蝙蝠为长寿之物，故而服食亦可延寿。《抱朴子》云："千岁蝙蝠，色如白雪，集则倒悬，脑重故也。此物得而阴干末服之，令人寿万岁。"《太平御览》引《水经》亦云："交州丹水亭下有石穴，甚深，未尝测其远近，穴中蝙蝠大者如鸟，多倒悬，得而服之，使人神仙。"此外关于谈说服食蝙蝠及其方法的文字颇多，不一而足。

作为吉祥物的蝙蝠，其生成仅在于一音相谐，即"蝠"与"福"的谐音。由于福是国人人生幸福如意的统称，故而蝙蝠的应用也便极其广泛。它一般以吉祥图案的纹图出现。有的单绘蝙蝠，如：

双福——两只蝙蝠相对的纹图。

五福——五只蝙蝠的纹图。

更多的，当然是与其他吉祥物组合而成纹图，

诸如：

五福捧寿——圆形篆书"寿"字居中，四周均匀排列五只蝙蝠的纹图。

五福和合——盒中飞出五只蝙蝠的纹图。

纳福迎祥——一个童子仰望数只飞翔的蝙蝠，一个童子捉蝠入缸的纹图；又有"钟馗纳福"图。

多福多寿——很多蝙蝠和桃子（或"寿"字）的纹图。

福在眼前——蝙蝠和古钱搭配的纹图，或二只蝙蝠拱钱，

或一只蝙蝠与古钱相对。

福寿双全——这种主题至少有三种组合：一是蝙蝠口衔用绳穿篆书"寿"字及两个古钱的纹图，二是蝙蝠和两个古钱的纹图，三是老寿星与捧桃童子仰望空中飞翔蝙蝠的纹图。

翘盼福音——童子仰望飞来蝙蝠的纹图。

平安五福自天来——五只蝙蝠，有的飞翔，有的被捕捉入盒（或缸）的纹图。

总之，以蝙蝠为题材的吉祥图案多极，不胜枚举。这些图案广泛地应用于家具、什器、衣料、建筑、文具、画稿等物。

蝴蝶

蝴蝶是一种普通的昆虫，它被视作吉祥物，除其双翼色彩斑斓之外，只由于一音之谐，即"蝶"与"耋"的谐音。

蝴蝶简称蝶，其种类颇多。《本草纲目》云："蛱蝶轻薄，夹翅而飞，葉葉然也。蝶美于须，蛾美于眉，故又名蝴蝶；俗谓须为胡也。"

作为吉祥物的蝴蝶，主要见于吉祥图案，因谐音而表示

53

耄耋之"耋"的意思。耋泛指年高，特指八十岁。《礼记》云："七十曰耄，八十曰耋，百年曰期颐。"此类吉祥图案有：

耄耋富贵——猫、蝶和牡丹的纹图。

瓜瓞绵绵——瓜和蝴蝶的纹图，见于画稿、家具、什器、衣料、建筑、雕刻上，应用甚广。

寿居耄耋——或称"寿登耄耋"。为寿石配合菊花、蝴蝶和猫组成的纹图。

彩蝶纷飞与繁花似锦是紧密结合在一起的，故而彩蝶也常被用来描摹春光、表现美景。新年伊始，三阳开泰，草长莺飞，蜂鸣蝶舞，故常以彩蝶入春联，如：

年瑞人欢花解语，
春融蝶舞鸟知音。
桃红柳绿织出十样锦，
蝶舞蜂飞引来四季春。

又，梁祝故事中"化蝶"这一情节，表现了人间的至爱、至美；同时，蝶恋花亦正符合夫妇之义，故而蝴蝶、鲜花也是祝颂夫妇和美的好素材。

一、动物篇

蜘蛛

蜘蛛为节肢类小动物。它的特点是吐丝结网,以捕食飞虫。蜘蛛的这种自然习性,一如蜜蜂、燕子的营巢,受到人类极大的关注。

古人称赞小小蜘蛛的智谋,也因蛛网产生许多联想。据传,楚国的龚舍随从楚王,宿于未央宫,有赤蜘蛛四面结网,有虫触之,欲退不得而死。龚舍叹曰:"生亦如是矣。仕宦者,人之罗网也,岂可淹岁!"遂告归。时人谓龚舍为"蜘蛛之隐"。

此外,据说蜘蛛还有这样的用途,如:"取蜘蛛置瓮中,食以膏,百日煞以涂布,而雨不能濡也"(《淮南万毕术》),是说以蜘蛛涂布可以隔雨;"取蜘蛛二枚,纳瓮中,合肪百日,以涂足,得行水上。故曰'蜘蛛涂足,不用桥梁'"(同上),是说蜘蛛可以避水。

在民间,蜘蛛有许多别名,诸如壁钱、蟢子、喜田、亲客等。据载,唐时人多画蜘蛛于墙上,称为"壁钱"。"蟢子"(又称"喜子")是蜘蛛的一种,古称"蟏蛸"。《尔雅·释虫》"蟏蛸,长踦",《注》谓:"小蜘蛛长脚者,俗呼为喜子。"俗传蜘蛛来着人衣,当有亲客至,故又称之为"亲客"。陆玑《毛诗草木鸟虫疏》云:"蟏蛸长踦,一名长脚,荆州河内人谓之喜母,此虫来著人衣,当有亲客至,有喜也。"

从以上介绍可知,古人以为蜘蛛出现为喜事的征兆,因而蜘蛛又有"喜蛛"之称。关于蜘蛛兆喜,还有一则民间传说:有母子久别不见,有一天,母亲忽见衣上有蜘蛛,说是她的儿子要回来了。不几天,儿子果然回家,母子欣喜相抱,互诉亲情。从此,蜘蛛就与喜事联系起来。

蜘蛛兆喜的俗信最晚在汉代就已形成。《西京杂记》载,樊哙对陆贾说:"古帝王人君皆受命于天,云有瑞应,岂然乎?"陆贾答道:"有之夫,目瞤得酒食,火花得钱财,乾鹊噪行人至,蜘蛛集百事喜。"《广五行记》亦云:"蜘蛛集于军中及人家,有喜事。"《初学记》引《荆楚岁时记》谈到了这种俗信在岁时活动中的运用:"七夕,妇人……陈瓜果于庭中以乞巧,有喜子网于瓜上,则以为得。"

蜘蛛兆喜的俗信,文艺作品中颇多表现。如《西厢记》五本二折云:"疑怪这噪花枝灵鹊儿,垂帘幙喜蛛儿,正应着短檠上夜来灯爆时。"——这儿,一口气道出了三种兆喜的俗信。当然,蜘蛛也是吉祥图案的题材,如"喜从天降",为蛛网悬吊蜘蛛的纹图;又如"天中集瑞"(或称"天中瑞结黄金果"),为蜘蛛吊垂巢网,其下有枇杷、蒜、樱桃及菖蒲的纹图。

一、动物篇

凤凰

凤凰是我国传说中的瑞鸟，在百鸟中雄居首位。《大戴礼记·易本命》云："有羽之虫三百六十，而凤凰为之长。"它与龙一起构成龙凤文化，是我国传统文化中极为重要的部分。

关于凤凰的生成，纬书《春秋演孔图》云："凤，火精。"《春秋元命苞》曰："火离为凤。"是说凤凰为五行中的火所生成。关于其声容形貌，古代描摹颇多，典型的有六象：头象天，目象日，背象月，翼象风，足象地，尾象纬（《太平御览》卷九一五），但所言抽象难明。《宋书·符瑞志》说得较为具体："蛇头燕颔，龟背鳖腹，鹤顶鸡喙，鸿前鱼尾，青首骈翼，鹭立而鸳鸯思。"《韩诗外传》亦云："凤象鸿前而麟后，蛇颈而鱼尾，龙文而龟身，燕颔而鸡喙。"总之，是一个杂糅许多动物特点、想象而来的飞禽。

凤凰既为瑞鸟、百鸟之王，它的形象、习性也就特别一些，并且都能给予符合仁义伦理的解释。旧说凤凰全身羽毛皆成文字，首文曰德，翼文曰礼，背文曰义，膺（胸）文曰仁，腹文曰信（《山海经》）；或说"首戴德，颈揭义，背负仁，心入信，翼挟义，足履正，尾系武，小音钟，大音鼓（《韩诗外传》)。其习性"食有节,饮有仪,往有文,来有嘉,游必择地,饮不忘下。其鸣,雄曰节节,雌曰足足。晨鸣曰发明,昼鸣曰上朔,夕鸣曰归昌,昏鸣曰固常,夜鸣曰保长。其乐也,徘徘徊徊,雍雍喈喈。唯凤能究万物,通天祉,象百状,达王道,率五音,成九德,备文武,正下国"(见《宋书·符瑞志》,亦见《韩诗外传》)。此外还有不啄活虫,不折生草,不群居,不乱翔,无罗网之难,非梧桐不栖,非竹食不食,饮灵泉,百鸟从之,等等。

作为百鸟之长的凤凰,也必然为神学政治家所利用。它是王道仁政的最好体现,是治乱兴衰的晴雨表。古人分出五个等级,以凤凰的五种行止标示政治的清明程度,《韩诗外传》曰:"得凤之象,一则过之,二则翔之,三则集之,四则春秋下就之,五则没身居之。"至于具体的陈说和记述就更多了。纬书《礼斗威仪》曰:"君乘土而王,其政太平,则凤集于林苑。"《春秋繁露》曰:"思及羽虫,则凤凰翔。"《春秋感精符》云:"王者上感皇天则凤凰至。"《太平御览》引《孝经钩命决》云:"孝悌之至,通于神明,则凤凰巢。"《史记·五帝本纪》曰:"四海之内咸戴帝舜之功,于是禹乃兴《九招》之乐,致异物,凤皇来翔。"

凤凰为百鸟之长,群鸟皆从其飞,这与人世君臣之道相合,

一、动物篇

故而"伦叙图"中以凤凰喻君臣之道。历来君王、皇家之事物多冠以凤。古有凤车、凤邸、凤纸、凤盖、凤驾、凤辇等，皆为皇家或仙人所用，他人不能僭用。在龙凤文化的发展过程中，龙凤逐渐发生性的分化，与龙之用于男性相对，凤专用于女性。当然，一般来说，它仍只适用于皇家，不为臣属所可僭越。如凤冠，汉制惟太皇太后、皇太后、皇后入庙行礼饰之；又明清百官补服补子，文官为百鸟纹样，但均无凤，其意便与龙一样，皆只为皇家所用。不过，历经演革、僭乱，品官及民间用凤者亦渐多。如凤冠，明代九品以上命妇皆用凤冠，平民嫁女亦可借用九品服，其后凤冠霞帔遂成为嫡妻的例服。

古来摹凤凰形象或仅取名冠以"凤凰"二字的物什极多，如凤髻，或作凤形，或在髻上饰以金翠凤凰，前者如冯延巳《如梦令》"凤髻不堪重整"；后者如欧阳询《凤楼春》》"凤髻绿云丛"。凤钗，钗头作凤形，《中华古今注》云："钗子，盖古笄之遗象也。……始皇又（以）金银作凤头，以玳瑁为脚，号曰凤钗。"又凤头鞋，鞋头以凤为饰。最著名的当然是凤冠。凤冠上饰金银制作的凤凰（以头为主），其数不等，少者一，着于前顶；多者三五，分着几方。后世平民婚礼亦可借用凤冠，但冠上所饰凤之多寡则与皇家有别。凤冠与霞帔除作命妇日常服饰外,为中国传统的新娘婚礼例服,故而特别为人所珍视,也有喜庆、吉祥的意义。

此外,凤凰又与一则美丽的爱情故事联系:传说有箫(萧)史善吹箫,秦穆公女儿弄玉爱慕他,遂嫁他为妻,学会了吹箫作凤鸣,因以引来凤凰,后二人驾凤凰飞去。这传说,也为凤凰增添了吉祥意义。因此,历来的婚联,多取龙凤及吹箫引凤的故实为题材,诸如:

花色偕车秀,
箫声引凤来。

翔凤乘龙两姓偶,
好花圆月百年春。

在传统图案中,凤凰的应用极其广泛。这些图案可分两类。第一类,只有凤或以凤为主体的纹图。青铜器有凤纹,造型浑朴雄厚,寓有镇邪辟恶的吉祥意义。此外如:

丹凤朝阳——或称"凤鸣朝阳、朝阳鸣凤、丹山彩凤"。为日照梧桐和凤凰的纹图。语出《诗·大雅·卷阿》:"凤凰鸣矣,于彼高岗。梧桐生矣,于彼朝阳。"后用以比喻贤

一、动物篇

才遇时而起或稀世之瑞。

仪凤图——或称"百鸟朝王"。为群鸟围着凤凰飞翔的纹图。凤凰飞,群鸟仰慕相从之状,寓意贤者的威德。

凤凰来仪——或称"有凤来仪",为凤凰飞翔的纹图。《尚书·益稷》言:"箫韶九成,凤凰来仪。"

凤凰于飞——凤凰振翅飞翔的纹图。《诗·大雅·卷阿》:"凤凰于飞,翙翙其羽。"《左传·庄公二十二年》载:"初,懿氏卜妻敬仲。其妻占之曰吉,是谓'凤凰于飞,和鸣锵锵'。"《注》谓凤凰"雌雄俱飞,相和而鸣锵锵然,犹敬仲夫妻相随适齐,有声誉。"后用以比喻夫妻和谐。

第二类是与其他吉祥物配合成纹图,诸如:

龙凤呈祥——龙飞凤舞或龙凤合抱的纹图。
麟凤呈祥——凤与麒麟合抱的纹图……

鹤

鹤为涉禽类鹤科动物,有丹顶鹤、灰鹤、蓑羽鹤等多种。在我国,鹤向被视作羽族之长。《花镜》云:"鹤,一名仙鸟,羽族之长也。有白、有黄、有玄,亦有灰苍色者。但世所尚皆白鹤。"作为吉祥物,鹤的文化意蕴是多方面的。

鹤为羽族之长,有"一品鸟"之称。吉祥图案有"一品当朝""一品高升",前者为鹤立潮(谐音"朝")头岩石的纹图,后者为鹤在云中飞翔的纹图,"一品"均指鹤。而明清官服的补子纹样,文官一品正是仙鹤。又有"指日高升",为日出时仙鹤飞翔的纹图。总之,在传统的鸟文化中,鹤是"一鸟之下、万鸟之上",地位仅次于"凤"(皇后),而居人臣之极。

关于鹤的德性,古籍颇多记载。《花镜》直陈:"行必依洲渚,止必集林上。雌雄相随,如道士步斗,履迹则孕。又雄鸣上风,雌鸣下风,以声交而孕。尝以夜半鸣,声唳九霄,音闻数里。有时雌雄对舞,翱翔上下,宛转跳跃可观。"《相鹤经》则对诸特性加以解说:"鹤者阳鸟也,而游于阴。因金气、依火精以自养,金数九,火数七,故七年小变,十六年大变,百六十年变止,千六百年形定。体尚洁,故其首色白;声闻天,故其顶赤;食于水,故其喙长;轩于前,故后趾短;栖于陆,故足高而尾凋;翔于云,故毛丰而肉疏;大喉以吐,故修颈以纳新。"总之,鹤行规步矩,俨然君子;不淫不欲,纯洁受胎;鸣声嘹亮,堪比才俊。

一、动物篇

　　鹤既然具有上述种种德性,古时候便用以比喻贤能之士。缘此,招聘贤士的诏书为"鹤板",王勃《上绛州上官司马书》有"鸾扃停逸,频虚不次之阶;鹤板征贤,累发非常之诏"的偶句。称鹤板上的书体为"鹤书"或"鹤头书",萧子良《古今篆隶文体》曰:"鹤头书与偃波书,俱诏板所用。"修身洁行而有时誉的人,称"鹤鸣之士"。

　　鹤的突出品质是高洁,因而多与官员之清廉联系。吉祥图案有"一琴一鹤",是说为官清廉、不贪不腐,且有历史故实,事见沈括《梦溪笔谈》及《宋史》等。《宋史·赵抃传》云:"赵抃号铁面御史,帅蜀以 琴一鹤自随。"赵抃谥号"清献",史上尊称赵清献公,刚直清廉,赴任四川地方长官时,匹马入蜀,仅带一琴一鹤。后世形容为政清廉者,即谓之"一琴一鹤"。

　　鹤被伦理化之后,又用以代表父子之道。《易·中孚》云:"鹤鸣在阴,其子和之。"是说子应父声;推而广之,即绝对服从家长意志。这正符合传统伦理规范的父子之道,故被取用。旧有"伦叙图"(亦称"五伦图"),其中便是以鹤来表现父子之道的。

　　俗传鹤为长寿仙禽,《相鹤经》称其"寿不可量",

63

《淮南子》谓"鹤寿千岁，以极其游"。《花镜》亦云："鹤生三年则顶赤，七年羽翮具，十年二时鸣，三十年鸣中律、舞应节。又七年大毛落，氄毛生；或白如雪，黑如漆。一百六十年则变止，千六百年则形定，饮而不食。"在传统观念中，鹤与龟同为长寿之王。后世常以"鹤寿、鹤龄、鹤算"为祝颂长寿之词。应用于寿联者多极，如：

壮志凤飞，逸情云上，
灵芝献瑞，仙鹤同年。

霄汉鹏程腾九万，
锦堂鹤算颂三千。

如同人名之"龟年"，古今以鹤命名者，也是屡见不鲜，"鹤寿""鹤龄"与"龟年""松龄"同样常见。

鹤也是吉祥图案的常见题材，作品很多。有单用鹤的，如团鹤、双鹤等。更多的则是与其他长寿动植物配合，如与松配合，称谓颇多，诸如"松鹤长春、松鹤同春、松鹤遐龄、鹤寿松龄"，见于画稿、文具、衣料，尤多见于寝室用品。此外有：与龟配合，称"龟鹤齐龄、龟鹤延年"等；衔桃的纹图，称"鹤献蟠桃"；与鹿或加梧桐配合，称"鹿鹤同春"

一、动物篇

或"六合同春"（鹤谐"合"音，桐谐"同"）；与椿配合，亦称"六合同春"，杨慎《升庵外集》云："北方语合、鹤迥然不分，故有绘六鹤及椿树为图者，取六合同春之义。"

　　鹤为仙鸟，颇具仙风道骨。它历来与道家神仙有着密切的关系。相传仙人多骑鹤，称作"鹤驾""鹤驭"，后又用以指称神仙、道士。吉祥图案有"群仙献寿"图，为老寿星驾鹤空中飞翔，八仙（或群仙）拱手仰视的纹图，亦用于祝寿。传统观念认为人死归天，或上天堂，或赴瑶池，鹤既是仙鸟、又为仙人所乘，故旧时常称人故去为"化鹤"（鹤化）、"驾鹤归仙"（上汉）等，挽联、挽幛中多有此类词令，如挽幛：英灵随鹤，鹤驾西天，驾鹤归仙，驾鹤归宿；又如挽联：

扫榻飞烟惊化鹤；
春帘留月觅归魂。

骖鸾腾天，驾鹤上汉；
飞霜迎节，高风送波。

沧海慨横流，跨鹤空山归山界；
少微惊隐曜，啼鹃清夜哭先生。

孔雀

孔雀为鹑鸡类雉科飞禽。它自古便被视作珍禽异鸟而加以宝重,其光彩夺目的尾屏更是为人所爱。关于它的形象,《异物志》等早有记载,晚近一些的《花镜》描述更为详细:"孔雀一名越鸟,文禽也。……丹口玄目,细颈隆背,头戴三毛,长有寸许,数十群飞,游栖于冈陵之上。……雌者尾短无翡翠,雄者五年尾便可长三尺,自背至尾末,有圆纹五色金翠,相绕如钱。"

古时,人多畜养孔雀,以供玩赏。其美丽的羽毛更被人们以各种方式所利用,装点、美化生活。《太平御览》引《岭南异物志》云:"交趾郡人多养孔雀,或遗人以充口腹,或杀之以为脯腊……采其金翠毛,装为扇拂;或全株截其尾,以为方物。云生取则金翠之色不减耳。"孔雀羽装成的扇子称孔雀扇,既具扇的功效,又美丽悦目。截全株孔雀尾以为方物,更为珍贵,并且有吉祥意义。史载清代官员以孔雀花翎为冠饰,有三眼、双眼、单眼之分。清初只赏给受朝廷特恩的贵族大臣,后赏戴甚滥,但仍只五品以上官员才可饰单眼花翎。因而,孔雀花翎成为官阶、权势的象征。

后世吉祥图案,有珊瑚瓶中插孔雀花翎的纹图,见于画

一、动物篇

稿、文具、什器等，称"翎顶辉煌"或"红顶花翎"，取意就在于祝愿官运亨通、加官晋爵。又，古人以孔雀羽毛织裘，称孔雀裘。《齐书》载，文惠太子长懋"善制珍玩之物，织孔雀毛为裘，光彩金翠"。传统家具有"孔雀屏"，屏上彩绘孔雀，因此得名。元张昱《醉题》诗云："清宵酒压杨花梦，细雨灯深孔雀屏。"新婚洞房联有："屏中金孔雀，枕上玉鸳鸯。"此外，孔雀彩纹与金钱豹一样，有如古钱形状，亦平添一层吉祥意义。俗说孔雀开屏有时，是太平盛世的祥瑞。我国传统音乐、绘画中皆有"孔雀开屏"之题，绘其声色，寓意吉祥太平。

旧时人称花纹美丽的孔雀、鸳鸯等为"文禽"，赞其翎羽光彩艳丽。同时，此处的"文"又有"文雅""文明"的含义。比如孔雀，人称其有"九德"，为文明之鸟。"九德"，《逸周书·常训》谓："忠、信、敬、刚、柔、和、固、贞、顺。"具体到孔雀指：一颜貌端正；二声音清澈；三行步翔序；四知时而行；五饮食知节；六常念知足；七不分散；八不淫；九知反复。《太平经》称孔雀与雁之仪态，可为"德则"，因其"行则有仪，飞则有次，动不失法"。《太平御览》引《南越志》云："孔雀为鸟，不必匹合，止以音影相接便有孕。"是说孔雀不需交配就能怀孕生雏，以受胎的纯洁抬高其身价。

67

如此大德大贤的孔雀自然被视作吉祥，同时又表征吉祥。旧称孔雀的纹图为"天下文明"，用处极广。明清补子纹样中，明朝文官三品为孔雀，清朝二、三品皆为孔雀。又吉祥图案有"位列三台"，为鹤、雉和孔雀在一起的纹图，其中鹤为协台、雉为道台、孔雀为府台的官服纹样。

关于孔雀，还有许多可述说者。古称孔雀善舞。《晋书》云："孔雀能解人语，弹指应声起舞。"《太平御览》引孝元《交州异物志》亦云："孔雀，人指其尾则舞。"今有孔雀舞，仿孔雀之舞而成。作为非物质文化遗产的傣族孔雀舞，一般舞者为男性，颇具阳刚之致。

又《唐书》载：唐高祖李渊妻子年轻的时候，父母以其才貌非凡，着意为求贤婿，遂于门屏画二孔雀像，言射中孔雀之目，就将女儿嫁他。数十求婚者无一中的，唯独李渊两箭各中一目，终于成就一门不可多得的婚姻。后世常以"雀屏"比喻择婿。婚联有："凤律协归昌，缔偶来画眉京兆；雀屏欣中选，问名是祖腹王郎。"

喜鹊

"鹊"俗称"喜鹊"，古时候亦曾称作"神女"。俗传

一、动物篇

喜鹊为喜鸟。先秦两汉时期，人们就认为喜鹊具有感应预兆的神异本领。鹊恶湿，晴则噪，故被视作阳鸟，又称"乾鹊"。《易》卦称"鹊者阳鸟，先物而动，先事而应"。此外，鹊知太岁星之所在，因而鹊巢的开口总是背着太岁星。又鹊能知风，《淮南子·人间训》云："夫鹊先识岁之多风也，去高木而巢扶枝。"同书《缪称训》篇亦云"鹊巢知风之所起"，《注》谓"岁多风则鹊作巢卑"。就是说，鹊知道来年多风，就会把巢做得低一些。知风、知太岁所在，且"先物而动，先事而应"，真可谓"神而明之"了。

之后，喜鹊的这种感应预兆的本领进一步发展，逐渐趋于专门化，集中在两个方面：其一是预示客人的到来，如《西京杂记》引陆贾的话："乾鹊噪而行人至，蜘蛛集而百事喜。"其二是预示喜事的到来，王仁裕《开元天宝遗事·灵鹊报喜》云："时人之家，闻鹊声，皆以为喜兆，故谓'灵鹊报喜'。"又《宋书》载：徐羡官拜司空时，有两只喜鹊在太极殿的飞檐上鸣叫。此外，民间传说还有牛郎织女七月七日鹊桥相会的动人故事。《风俗通》云："织女七夕当渡河，使鹊为桥。"后世称促成男女姻缘为"驾鹊桥"。现在，喜鹊作为吉祥鸟的意义，就主要体现在这些方面。

在国人的传统观念中，"喜"表现在许多方面。流传极

69

广的"四喜诗",点出了四件喜事:"久旱逢甘雨,他乡遇故知,洞房花烛夜,金榜题名时。"除此而外,得钱财、家人团圆、亲故来访,都是喜事。中国社会人际交往范围小而单纯,戚谊深重、乡亲浓郁,亲戚朋友来访也是一大喜事。因此,预示亲朋到来也就是报喜。

"喜鸟"喜鹊在中国传统文化中打上了许多鲜明的印迹,她那透着喜气的身姿、明丽清亮的鸣叫,随处可见、随处可闻。在春联、新婚喜联里,常以喜鹊渲染喜庆气氛,如春联:"红梅吐蕊迎春节,喜鹊登枝唱丰年";如喜联:"金鸡踏桂题婚礼,喜鹊登梅报佳音"。民歌有云:"喜鹊鹊叫唤来报喜,谁不知道妹妹是个大闺女。"(内蒙古《爬山歌》)各地也都有关于喜鹊的俗谚:"喜鹊叫,亲人到。"(河南)"喜鹊叫,来报喜,不是来财就是来亲戚。"(山东)一位古代妇女思夫心切,乍听喜鹊鸣叫,欣喜无比;但就是不见征夫归来,于是吟出了一曲亦怨亦嗔的婉词:

巨耐灵鹊多漫语,送喜何曾有凭据?几度飞来活捉取,锁上金笼休共语。 比拟好心来送喜,谁知锁我在金笼里。欲他征夫早归来,腾身却放我向青云里!

一、动物篇

喜鹊更多的是作为吉祥图案,广泛地应用于画稿、文具、家具、什器等。以喜鹊为主体或喜鹊与其他吉祥物配合构成的图案有:

双喜、喜相逢——两只喜鹊相对的纹图。

日日见喜——瓷器的传统装饰纹样。《饮流斋说瓷》云:"绘喜鹊三十只,有一红月,名曰'一月三十喜',又名'日日见喜'"。

喜在眼前——喜鹊面前有古钱的纹图。

喜上眉梢——喜鹊登梅(喜鹊踏梅梢)的纹图。

喜报三元——喜鹊和三个桂圆的纹图。

欢天喜地——天上喜鹊、地上獾呼应的纹图。

鸳鸯

鸳鸯作为夫妻和谐美好、忠贞不渝的象征,几乎是尽人皆知的。人们歆羡鸳鸯的双飞双栖、恩爱无间,故而将夫妇之义寄托于之,视其为吉祥。

不过,说起鸳鸯的来历,民间还有一则可歌可泣的故事。据传,两千多年前,晋国大夫洪辅告老还乡,大兴土木,开辟林苑。他从外地请来了年轻的花匠怨哥,为其植花种草。次年清明节,怨哥正为罗汉松培土,忽听莲池里有人惊呼"救命",奋不顾身跃入莲池,救起了洪府千金映妹。洪辅见此情景,诬陷怨哥调戏女儿,遂将其痛加责打,下入大牢。入夜,映妹来探怨哥,并将五彩宝衣给他穿上。洪辅得知此事,恼羞成怒,剥不下彩衣,便将怨哥缚石推入莲池。映妹得知此事,痛不欲生,亦跃身入池。第二天清晨,人们看到莲池中两只奇异的鸟儿,雄的五彩缤纷,雌的毛色苍褐,双飞双宿,恩爱无比,知道这是怨哥和映妹的精灵所化。从此,也就有了鸳鸯。

关于鸳鸯的特性,古来记述颇多。古人称之为"匹鸟"。《诗·小雅·鸳鸯》曰:"鸳鸯于飞,毕之罗之。"《传》谓:"鸳鸯,匹鸟。"崔豹《古今注》曰:"鸳鸯,水鸟,凫类。雌雄未曾相离,人得其一,则一者相思死,故谓之匹鸟。"相传鸳鸯形影不离,雄左雌右,飞则同振翅,游则同戏水,栖则连翼交颈而眠。如若丧偶,后者终身不匹。这种特性与传统五伦中的夫妇之义恰合,故古今多以其比喻夫妇,"五伦图"中便以鸳鸯指代夫妇。

作为吉祥物,鸳鸯是爱情、婚姻美满的象征,古今运用极其广泛。在古今婚联中,鸳鸯入对可谓数不胜数。诸如:

一、动物篇

鸳鸯比翼；
夫妻同心。

鸳鸯相戏水色美；
琴瑟谐弹福音多。

缕结同心，日丽屏间孔雀；
莲开并蒂，影摇池上鸳鸯。

以鸳鸯为题材的吉祥图案，最晚在汉代就已出现。以鸳鸯为名的织绣品有鸳鸯衾、鸳鸯被、鸳鸯襦、鸳鸯褥等。鸳鸯被为绣有鸳鸯的被子，亦指夫妻共寝的被子。《古诗十九首》有云："文綵双鸳鸯，裁为合欢被。"《西京杂记》载："赵飞燕为皇后，其女弟昭仪在昭阳殿，遗飞燕书曰：'今日嘉辰，贵姊懋膺洪册，谨上襚三十五条，以陈踊跃之心；……鸳鸯襦、鸳鸯被、鸳鸯褥。'"明陶宗仪《南村辍耕录》记鸳鸯被形制云："孟蜀主（孟昶）一锦被，其阔犹今之三幅帛，而一梭织成。被头作二穴，若云版样，盖以叩于项下，如盘领状。两侧余锦则拥覆于肩。此谓之'鸾衾'也。"又有鸳绮，为绣鸳鸯纹的锦绣。

此外，鸳鸯纹图至今仍广泛用于结婚用品，梳妆镜、脸盆、手帕等均有绘此图纹者。又有鸳鸯工艺品，或织绣，或雕镂，或模塑，都是极好的祝吉用品。以鸳鸯为题材的吉祥图案有："鸳鸯贵子"，为鸳鸯和莲花的纹图；又，配长春花，题"鸳鸯长安"、"鸳鸯长乐"；鸳鸯在荷池中顾盼戏游的纹图，题"鸳鸯戏荷"，亦题"鸳鸯喜荷"。此类图案用于画稿、家具、什器、衣料、建筑等，尤以妇女用品为多。

雄鸡

鸡是普通的家禽。不论雌雄，鸡对人类都是极其有益的，母鸡生蛋，雄鸡打鸣，都做出了自身的贡献。然而，在传统观念、尤其神学政治观念领域，雄鸡占据着显著的位置，母鸡则几乎不被提及，甚至有所谓"牝鸡司晨，惟家之索"的俗信。

雄鸡与神学政治联系，首先就在身世上显出不凡。纬书《春秋运斗枢》谓"玉衡星散为鸡"。《太平御览》引《春秋说解》亦云："鸡为积阳南方之象，火阳精物炎上，故阳出鸡鸣，以类感也。鸡之为言佳也，佳而起为人期，莫宝也。"这就涉及了鸡的特点与德行。《韩诗外传》称鸡有文、武、勇、仁、信五德。《花镜》亦云："鸡，一名德禽，一名烛夜，五方皆产，种类甚多。……雄能角胜，目能辟邪，其鸣也知时刻，其栖也知阴晴。又具五德：首顶冠，文也；足博距，武也；

一、动物篇

见敌能斗,勇也;遇食呼群,仁也;守夜有时,信也。"

雄鸡作为吉祥物,作用之一是辟邪。《花镜》称其"雄能角胜,目能辟邪"。《太平御览》引裴玄《新言》曰:"正朝(正月初一)县官杀羊悬其头于门,又矺鸡以副之,俗说以厌疠。"《风俗通》也说除夕"以雄鸡著门上,以和阴阳"。又人死丧或疾病时杀雄鸡,俗说"鸡头治蛊"。这种习俗后来进一步发展,趋向于积极祈福,而非仅只禳灾避祸。清人周亮工《书影》云:"正月一日,贴画鸡。今都门剪以插首,中州画以悬堂。中州贵人,尤好画大鸡于石,元旦张之。盖北地类呼'吉'为'鸡',俗云'室上大吉'也。"吉祥图案有"石上大吉",就是雄鸡立于石上的纹图,以'石、鸡'谐音'室、吉'。应用于画稿、石器等。

雄鸡也是英雄武勇的象征。五德中有武、勇二项,即是明证。《太平御览》引《梦书》云:"鸡为武吏,有冠距也。梦见雄鸡,忧武吏也;众鸡入门,吏所捕也;群斗舍中,惊兵怖也。"《唐书》记载了刘武周的一段故事,也将雄鸡与武勇联系了起来:刘武周之父尝与妻赵氏夜坐庭中,忽见一物状如雄鸡,流光烛地,飞入赵氏怀,振衣却无所见,因而有娠,遂生武周,为人骁勇善骑射。后世吉祥图案有"英雄斗志",为斗鸡的纹图,应用于画稿、石器等。

此外，雄鸡鸡冠高耸、火红，也被视为吉祥，以"冠"谐音"官"，绘雄鸡和鸡冠花的纹图，称作"官上加官"，应用于画稿、家具、什器，可用来祝贺升迁、腾达。又有"五子登科"图，为一只雄鸡和五只鸡雏相戏于窠中的纹图，"窠""科"谐音，祝颂金榜高中。此图亦题"五子高升"。

燕

燕子是种小飞鸟，形象俊俏，飞舞轻盈，尾剪春风，与人友善，很早就为人所喜爱。久而久之，它便成为人们心目中的吉祥物，象征春光，比拟情侣。

燕，古称"玄鸟"，又名"天女"（崔豹《古今注》），还有"吉祥鸟"之称。纬书《春秋运斗枢》谓"瑶光星散为燕"。《诗经》载，商朝人的始祖，是其母简狄吞食燕卵而生，所谓"天命玄鸟，降而生商"。燕既有这样的名称、出生以及神话，后世便视其为灵物、祥瑞。燕子筑巢檐间或集于殿阁，被认为是人家友善、家道发达的征兆。又据古籍载，有德之人死丧，往往有群燕飞来，衔土筑坟。

燕子夏天遍布我国，冬天南迁。就北方而言，往往是冬去春来。燕子翩跹飞舞、伏美动人，早在《诗经》里就说："燕

一、动物篇

燕于飞,差池其羽。"莺歌燕舞、燕剪春风、燕剪柳丝,都是春天的美好物象。因此,燕是春的象征,与春光同来,有"春燕"之称。春联常以燕入对,诸如:

春燕剪柳;
喜鹊登梅。

梅香催腊去;
燕翅携春来。

桃红柳绿,锦绣江山民做主;
燕舞莺歌,旖旎景色节回春。

又有"杏林春燕"图,为杏花和飞燕的纹图,常用以祝颂科举高中。明清时期,每年二月进士科考试,正值杏花开放时节。殿试中试者,皇帝赐宴,"宴"音谐"燕",故"杏林春燕"寓进士及第之意。此类图案还有"桃柳赐宴",为飞燕与桃柳的纹图。此外有"河清海晏"图,绘海棠、荷花和飞燕,三物均以谐音取意,寓意天下太平。

与鸳鸯一样,燕子亦喜双飞双栖。《南史》载,王整的姐姐16岁丧夫,族人欲令其改嫁,其女截下一耳,置于盘中,以示不嫁。住所檐间有燕巢,燕子总是双去双还。有一天孤燕独回，女感其独栖，乃以丝缕系足为志，次年那燕子果然复来。其女感慨为诗云："昔年无偶去，今春犹独归。故人恩既重，不忍复双飞。"后世以"燕侣"及"莺俦"以比喻夫妻和谐。梁昭明太子萧统《锦带书十二月启·林钟六月》云："三千年之独鹤，暂逐鸡群；九万里之孤鹏，权潜燕侣。"婚联中往往以燕为祝吉的素材，如"并蒂莲开莲蒂并，双飞燕侣燕双飞。"

燕的种类颇多，文化蕴含颇为丰富的有白燕、紫燕。白燕被古人视作神物。《太平御览》引《京房易占》曰："见白燕，其君且得贵女。"故燕又称"天女"。又《抱朴子》曰："千岁燕，户向北，其色白而尾屈，阴干服之，一头得五百岁。此肉芝也。"所言神乎其神，不足凭信。

比较来说，紫燕更为吉祥。紫燕亦称越燕。《尔雅翼·释鸟》谓："越燕小而多声，颔下紫，巢于门楣上，谓之紫燕，亦谓之汉燕。"祝吉、庆贺之语，有时概称燕，有时则称紫燕。如春联："春风堂上紫燕舞，细雨庭前红梅开。"又如婚联："紫燕双飞珠帘卷，流莺对唱翠幕悬。""交颈鸳鸯并蒂花下立，协翅紫燕连理枝头飞。"

一、动物篇

鸿雁

鸿雁为候鸟。古时候，鸿与雁区别得颇为清晰，后来则不太区分，或二字合用，或以一总二。在《诗经》与《周礼》的时代，鸿雁便常合称。《诗·小雅·鸿雁》云："鸿雁于飞，肃肃其羽。"《注》谓："大曰鸿，小曰雁。"《疏》谓："俱是水鸟，故连言之。其形，鸿大而雁小。"《礼记·月令》亦云："东风解冻，……鸿雁来。"

鸿雁是最为著名的候鸟，它每年秋分后飞往南方，次年春分后北返。鸿雁的这种特性，古人引入文化生活，主要表现在两个方面。其一，以鸿雁代书信，有所谓"雁帛""雁书""雁足"等。史载，汉武帝时苏武出使匈奴，被拘禁后威武不屈，徙居北海牧羊十九年。后以雁足系帛书，告知汉室自己的处境，终于得归故国。由此，人们就将书信与来去有时的鸿雁联系了起来。唐王勃《采莲曲》诗有云："不惜西津交佩解，还羞北海雁书还。"元王实甫《西厢记》亦云："自别颜范，鸿稀鳞绝，悲怆不胜。"便是借鸿雁代书信。后世书信文字中多有此种借喻，同时，信封、信笺也有图绘鸿雁者。用鸿雁和"延年"二字装饰信笺者，称"飞鸿延年"。其二，古时以雁为贽（见面礼）。旧时婚娶的"六礼"，除纳征外，均用雁，称为"奠雁"。《仪礼·士昏礼》注云："用雁为贽者，取其顺阴阳往来。"清胡培翚《仪礼正义》亦云："用雁者，取其随时南北，不失其节，明不夺女子之时也；又取飞成行、止成列，明嫁娶之礼，长幼有序，不相逾越也。"

鸿雁的另一自然特性，便是上文提及的"飞成行，止成列"，古语称作"雁字""雁行""雁序""雁阵""鸿序"等。这种自然特性见于文化，一方面以喻官员的班列，丘迟《与杨伯之书》云："令功臣名将，雁行有序，佩紫怀黄，赞帷幄之谋；乘轺建节，奉疆埸之任。"一方面以喻兄弟，《礼记·王制》曰："父之齿随行，兄之齿雁行，朋友不相逾。"言兄弟出行，弟在兄后。后来"雁行"也就成为兄弟别称，唐钱起诗有云："采兰花萼聚，就日雁行联。"

鸿雁来去有时、行止有序，与传统伦理文化中的原则吻合，被赋予丰实的文化内涵，也就成了吉祥物。此外，"鸿"字有"巨大"的意思，鸿文、鸿裁、鸿恩、鸿图、鸿儒等词汇中的"鸿"，都是这个意思。这无疑也给鸿雁增添了一些正方向的积极意义。又，唐代科举新进士有题名雁塔之举，后世则以"雁塔题名"为科考高中的祝吉之语。

一、动物篇

鹌鹑

鹌鹑为鹑鸡类雷鸟科动物，是一种很不起眼的小鸟。《花镜》云："鹌鹑一名罗鹑，一名半秋，田泽小鸟也。头小尾秃，羽多苍黄色。无斑者为鹌，有斑者为鹑。……夜则群飞，昼则草伏，有常匹而无常居，随地而安，故又名鹌鹑。"

鹌鹑的特点之一是随地而安，故"鹑居"指居无定所、随处为家。又，俗语谓"秃尾巴鹌鹑"，鹌鹑尾秃，衣服破旧褴褛称鹑衣、鹑服，或形容为"鹑衣百结"。杜甫诗有："鸟几重重缚，鹑衣寸寸针。"骆宾王诗有："鹑服长悲碎，蜗庐未卜安。"民间又有俗谚云："鹌鹑、戏子、猴，不可交朋友。"

就其"资质"而言，鹌鹑几乎无一可取。它的吉祥意义，只因鹌鹑与"安"的谐音而成。清代瓷画中有鹌鹑栖息落叶之上的纹图，以"鹌"谐"安"，以"落叶"谐"乐叶"，称"安居乐业"。这一主题也用鹌鹑、菊花和枫树叶来表示，以"菊"谐"居"，以枫树"叶"谐"业"，见于画稿、家具、什器。明、清文官补子纹样，明八品、清九品绘鹌鹑——虽然上了官服补子，但即便较之"七品芝麻官"，却也是等而下之。好在"安居"乃民生大本，鹌鹑在吉祥物里占一席之地也就不算咄咄怪事了。

鹭鸶

鹭鸶为水鸟，单称鹭，又名白鹭、白鸟、春锄、属玉。鹭鸶羽毛洁白，脚高、颈长、喙坚，其头顶、胸背皆生长毛，如丝，故称鹭鸶。《毛诗义疏》曰："鹭，水鸟。好白而洁，故谓之白鸟。齐鲁间谓之'春锄'，辽东、乐浪、吴扬人皆云白鹭。大小如鹢，脚高尺七八寸，解指，尾如鹰尾，喙长二寸，顶有毛十数枚，长尺余。"

旧时有鹭羽、鹭车、鹭鼓。鹭羽为白鹭做的舞具，《诗·陈风·宛丘》："无冬无夏，值其鹭羽。"鹭车车柱末端刻鹭为饰，因以命名，是仪仗中的鼓吹车。鹭鼓又名建鼓，殷代时以翔鹭为饰，故名。鹭鸶飞翔有序，旧以"鹭序"寓百官班次。《禽经》谓："寮寀雝雝，鸿仪鹭序。"在明清官服补子纹样中，鹭鸶均居第七位，为七品文官的补子纹样。

作为吉祥物，鹭鸶因"鹭"与"路"读音相谐，常见于吉祥图案中。清代瓷质瓶缸之上有"一路连科"图，为一只鹭鸶和莲花、荷叶组成的纹图，"鹭"谐"路"音，"莲"谐"连"音，"荷"谐"科"音。一路连科是对科举时代应试考生的祝颂之辞，即此行赴考一路过关、每试必中之意。此外，鹭鸶和芙蓉花的纹图，称作"一路荣华"；鹭和牡丹的纹图，称作"一路富贵"，见于画稿、衣料、什器等。

有意思的事，鹭鸶还与传统社会的"廉政建设"搭上了关系。清人金埴《不下带编》记云："康熙五十五年六月，圣祖（康熙帝）在畅春园书画扇示内直诸臣、礼寺张英等，命名赋得。画作二白鹭、一青莲花，题曰'路路清廉'云。"这里的"路路清廉"，也是谐音取意，意在警醒为官者清正廉明。官衙书室屏风上的"路路清廉"，则一者警醒、一者标榜了。

绶鸟

绶鸟也叫吐绶鸟，又名珍珠鸡，通称火鸡。产于巴峡及闽广山水，因嘴根有肉绶，能伸缩，时时变色，故名。《太平御览》引盛弘之《荆州记》云："鱼复县南山有鸟，时吐物长数寸，丹朱彪炳，形色类绶，因名吐绶鸟。"

所谓"类绶"之绶，也就是绶带，用来系帷幕和印环等。古代常用不同颜色的绶带，标识官吏的身份和等级。《礼记·玉藻》云："天子佩白玉而玄组绶。"《注》曰："绶者，所以贯佩玉相承受者也。"即天子佩戴黑色绶带穿结的白玉佩。《后汉书·舆服志》载："绂佩既废，秦乃以綵组连结于璲，光明表章，转相结受，故谓之绶。汉承秦制，用而弗改，遂加之以双印佩刀之饰。"绶带既然是官吏身份、品级的标志，也就成为富贵的象征，绶鸟也因此而沾染了吉祥意义。

又，绶带之"绶"谐长寿之"寿"，谐音取意，绶鸟便成为长寿象征物，有祝颂长寿的寓意。这一点主要体现在吉祥图案中，此类图案有：

春光长寿——山茶花和绶鸟的纹图。山茶花经冬不凋，生机勃勃，表示春意。见于画稿、衣料、家具、什器等。

齐眉祝寿——梅、竹和绶鸟的纹图。

天仙拱寿——绶鸟、腊梅、天竹和水仙的纹图。

比翼鸟

比翼鸟古称"鹣鹣"。传说此鸟不比不飞，《尔雅·释地》云："南方有比翼鸟也，不比不飞，其名谓之鹣鹣。"《山海经·西山经》亦云："其状如凫（鸭子）而一翼一目，相得乃飞，名曰'蛮蛮'。"《琅嬛记》卷上引《博物志馀》讲得更为详细："南方有比翼鸟，飞止饮啄，不相分离……死而复生，必在一处。"

一、动物篇

如此奇异的鸟，古人必然要附会于一定的休咎兆验。《山海经》谓"见则天下大水"，说比翼鸟的出现预兆洪水滔天，是咎征。此外诸说则多为休应，如《博物志·异鸟》："见则吉良，乘之寿千岁。"《瑞应图》："王者德及高远，则比翼鸟至。"如此等等。

尽管比翼鸟"不比不飞"的特点源于传说，我国民众还是把它取作吉祥物。首先，以其喻和美的夫妇。白居易《长恨歌》"在天愿作比翼鸟，在地愿为连理枝"的名句，早已脍炙人口。婚联中以比翼鸟入对的更多，如：

云路高翔比翼鸟；
龙池涤种并头莲。
海誓山盟同心永结；
天高地阔比翼齐飞。

其次，以其喻亲善的朋友。陈思王曹植《送应氏》诗之二云："山川阻且远，别促会日长。愿为比翼鸟，施翮起高翔。"由此而知，比翼鸟古时并非夫妇所专美，也可用来比喻朋友的。

白头翁

白头翁，又称白头鸭。这种鸟头顶羽毛黑色，眉羽及枕羽白色，老鸟枕羽更为洁白，故有"白头翁"之称。喉部亦为白色。《三国志·诸葛恪传》载："恪之才捷，皆此类也。"《注》引《江表传》云："曾有白头鸟集殿前，（孙）权曰：'此何鸟也？'恪曰：'白头翁也。'"汉语旧时称白发老人为"白头翁"。白居易《重阳石上赋白菊》诗云："还似今朝歌酒席，白头翁入少年场。"白头翁与白发老人联系，前者遂成为鹤发童颜、长寿白头的象征，用以指代长春白头，故又有"长春鸟"之称。

作为飞禽，白头鸟是微不足道的，它鸣声单调，栖于田园、竹树林中，以昆虫、杂草种子以及浆果为食，仅是一种益鸟而已。但由于其毛色的特点，及其名称与白发长寿等吉语的恰合，便被视作吉祥。一般来说，它多以图案的形式表达主题，此类图案如：

长春白头——长春花、寿石和白头鸟的纹图，应用于画稿、什器、家具、衣料等。用以祝颂夫妻长寿，故床头画、幔帐多用。

白头富贵——牡丹和白头鸟的纹图，应用极广。寓夫妇白头到老、生活美满幸福之意，故结婚用品、寝具亦多用之。

堂上双白——桐树枝上落两只白头鸟的纹图，寓夫妻长寿之意。

鱼

鱼是一类水生动物的总称，种类颇多。从狩猎、采集时代开始，人类就与鱼发生了十分密切的关系。在长期的历史发展中，人们形成了一些关于鱼的观念，这种观念以各种方式体现于民俗、艺术等领域。

无疑，人们首先注意到的是鱼的实用价值。从狩猎文明一直到工业文明，鱼都是人们餐桌上的美味佳肴。同时，鱼也活跃在人们的文化生活中。

古人所谓"鱼素"，相传是以绡帛写了书信，然后装在鱼腹中传递，谓之"鱼传尺素"。明王世贞诗云："忽报江秋鱼素到，似言山色马曹多。"这种鱼腹传递的书信也叫"鱼书"，汉蔡邕《饮马长城窟行》诗云："客从远方来，遗我双鲤鱼。呼儿烹鲤鱼，中有尺素书。"此外，书信又有"鱼笺"之称。古时又有"鱼符"，也叫"鱼契"，是类似于虎符的信物。隋唐时由朝廷颁发给百官的鱼符，雕木或铸铜为鱼形，刻字其上，剖而分执之，以为凭信。

民间灯会有"鱼灯"，灯为鱼形，三国时魏人殷巨有《鲸鱼灯赋》，又南朝梁元帝萧绎《对灯赋》云："本知龙灯应无偶，复讶鱼灯有旧名。"佛寺僧徒诵经时击打节奏的器物叫"鱼鼓"，俗称"木鱼"。

旧时人们还将鱼类的种种异常现象附会人事，预言灾异，称为"鱼孽"，《汉书·五行志》云："史记秦始皇八年，河鱼大上，刘向以为近鱼孽也。"又《晋书·五行志》云："魏齐王嘉平四年五月，有鱼集于武库屋上，此鱼孽也。"其实所谓"鱼孽"，大多是龙卷风所致，一种普通不过的自然现象而已。

后世人们视鱼为吉祥物，大多从语音的谐音而来。比如著名的"连年有余"吉祥图案，为几个爆竹（或者其他新年玩具，代表"年"的意思），或童子、莲花和鱼的纹图，鱼谐"余"音，寓意生活富裕、美好。又有"双鱼吉庆"，图绘双鱼。这种寓意吉祥的纹图汉代就有，彼时铜洗底部绘对鱼，侧面题"大吉羊"三字，故后世有"晋砖五鹿宜子孙，汉洗双鱼大吉羊"的对联传世。这种"双鱼吉庆"图案，在结婚用品上应用最广。

另有一幅吉祥图案，却是从一句古语演义而来。古语云：

一、动物篇

"鹬蚌相争,渔翁得利。"吉祥图案"渔翁得利"由此命意,绘渔翁垂钓得鱼的纹图,常用作店铺的饰物及商标等。更有"家家得利"图,为家家市买鲤鱼的纹图,也由上述古语衍化而来。此外,鱼鳞一如豹纹,本身就是美丽的图纹。鱼鳞交汇成花纹,称作"鱼鳞锦",在什器、建筑、衣料等的构图中常见使用。

鱼的种类很多,在吉庆语、吉祥图案中,专指鲤鱼、金鱼。鲤鱼之"鲤"与"利"谐音,故"渔翁得利""家家得利"纹图中的鱼,当然要绘成鲤鱼。其他纹图如"富贵有余""年年有余""连年有鱼"中的鱼,也多指鲤鱼。这与鲤鱼的习性不可分割。俗传鲤鱼善跳跃,《本草纲目》云:"鲤为诸鱼之长,形状可爱,能神变,常飞跃江湖。"故此,古有"鱼化龙""鲤鱼跳龙门"的故事。

"鲤鱼跳龙门",说的是"鱼化龙"的故事,传说鲤鱼跃过龙门,就变成了龙。《三秦记》云:"河津一名龙门,水险不通,鱼鳖之属莫能上。海江大鱼薄集龙门下数千,上则为龙,不上者点额暴腮。"而善于跳跃的鲤鱼多能跨越。后世常以此比喻官场、职场高升,或祝颂高升、幸运。绘作纹图,多为鲤鱼翻跃波涛,涛中有一象征性龙门的图案,在刺绣、剪纸、雕刻等中应用广泛。

又,鲤鱼产籽多,因而也用于祝吉求子,以其作生育繁

89

衍的象征。汉代铜洗上面常常装饰两条鲤鱼，中间嵌"君宜子孙"四字。浙东传统婚俗，新娘出轿门时，要以铜钱撒地，谓"鲤鱼撒子"，取的也是多子之意。

金鱼是原产我国的珍贵观赏鱼种。它锦鳞闪烁，仪态稳重，沉浮自如，翩翩多姿，深为人所珍爱，被称作"金鳞仙子""水中牡丹"，西方人又称之为"东方圣鱼"。金鱼的吉祥意义，却是因一音之转而来：金鱼谐"金玉"。吉祥图案"金玉满堂"，即是数尾金鱼的纹图。画稿、什器、衣料等均有应用，庆祝生子的礼品如首饰、帽子等常用，清代瓷器上也多有此种纹图。

龙

龙是中国最显赫的神物，也可以说是最大的吉祥物。几千年来，它无一刻离开过国人的生活，朝野士庶都尊它为动物之长，乃至万灵之长。

其实，龙不过是一个杂凑的观念中的动物。关于其形象，古有"三停九似"说。南宋罗愿《尔雅翼》卷二八引汉王符语云："世俗常画马首蛇身以为龙，实则有'三停九似'说。谓自首至膊，膊至腰，腰至尾，皆相停（等分）也。九似者，

一、动物篇

角似鹿,头似驼,眼似兔,项似蛇,腹似蜃,鳞似鱼,爪似鹰,掌似虎,耳似牛。"此外,龙能变化。《说文解字》云:"龙,鳞虫之长,能幽能明,能细能巨,能短能长。春分而升天,秋分而潜渊。"

有的典籍所述龙的特异之处更加突出:它不仅是鳞虫之长,而且俨然动物始祖。《淮南子·地形训》云:"羽嘉生飞龙,飞龙生凤凰,凤凰生鸾鸟,鸾鸟生庶鸟,凡羽者生于庶鸟。毛犊生应龙,应龙生建马,建马生麒麟,麒麟生于庶兽,凡毛者生于庶兽。介鳞生蛟龙,蛟龙生鲲鲠,鲲鲠生建邪,建邪生庶鱼,凡鳞者生于庶鱼。介潭生先龙,先龙生玄鼋,玄鼋生灵龟,灵龟生庶龟,凡介者生于庶龟。"由此又可知,龙的种类很多,诸如蛟龙、虬龙、应龙、夔龙、飞龙等。据传,有鳞者为蛟龙,有翼者为应龙,有角者为虬龙,无角者为螭龙,未升天者为蟠龙,好水者为晴龙,好火者为火龙,善吼者为鸣龙,好斗者为蜥龙。

龙的"德"也颇多,诸如龙眼识宝、龙行有雨、龙行熟路等,特别突出。单只夔龙就有几点,《龙经》云:"夔龙为群龙之主。饮食有节,不游浊水,不饮浊泉,所谓饮于清、游于清者。"

龙在被创造出来的那一天开始,就颇不平凡,其后愈演愈烈,关于它的说法多极。龙为"四灵"之一,最大的灵物。

故此，它是神学政治最重要的工具。旧传有"河图洛书"之说，河图亦称"龙图"。《宋书·符瑞志》云："赤龙、河图者，地之符也。王者德至渊泉，则河出龙固。"《尚书·君奭》孔颖达《疏》谓："凤见龙至，为成功之验。"由此，后世最高统治者被称为"真龙天子"，所谓"飞龙在天，犹圣人之在位"。有关帝王的种种事物，从容颜到骨相，从居处到行旅，从言谈到文书，都被冠以"龙"字。与这个系列相对，普通民众也视龙为神物、灵物、吉祥之物，或以龙命名，或称子孙为"龙子龙孙"，或称女婿为"乘龙快婿"，就连属相中的蛇也婉称"小龙"。

在我国，龙的形象应用极广。从飞檐到丹陛，从壁画到染织，从服饰到车辇，从衾被到画稿……生活中几乎随处可见。龙的形象多以雕铸、图绘两种形式出现，皇宫中有鎏金铜龙、赤金铸龙，廊柱、丹陛雕木龙、石龙；宫殿、寺庙屋脊、飞檐雕龙；皇室家具、什器雕刻、图绘各种龙，民间衾被、窗花等绣龙、剪龙等等。福建沿海渔民彩髹船只，在船头两侧安两只圆鼓鼓的龙眼，船身绘成龙状，俗传可以吓跑鲨鱼。旧时帝王及皇室成员可穿龙袍，皇帝龙袍所绘龙最多，如清制皇帝的龙袍正面下摆绣九龙，胸部为金龙。传统的龙舟，则是集雕刻和彩绘于一身的龙的艺术。

一、动物篇

普通所绘，以虬龙、蛟龙、应龙、夔龙最多。此外，还衍化出许多龙的造型、纹图来。如团龙（用途极广，居中）、夔龙拱璧（绘壁上）、龙抓珠（用于桌腿、门柱等）、拐子龙、龙花拐子、草龙拐子（应用于诸物边饰）。此外还有九龙、二龙戏珠、螭龙闹灵芝等纹图。又有"状元及第"，为戴冠童子乘龙的纹图，因借"鲤鱼跳龙门"的典故而成，用于文具、什器等。龙凤结合的纹图，称"龙凤呈祥"，用途颇广，尤其多用于祝贺新婚；婚联中也多此种祝颂之词。

除龙自身外，龙子的形象亦极多见于雕刻、图绘。俗说"龙生九子不成龙"，各有所好，又因其所好而各有所用。其名目、特性、用途如下：

一、赑屃：形似龟，好负重，为石碑下龟趺。一名"霸下"。

二、螭吻：形似兽，性好望，为殿脊兽头。一名"嘲风"。一作"鸱尾"，性好险，可灭火灾。

三、蒲牢：形似龙，性好吼，为钟上兽钮。海中大鱼曰鲸，蒲牢畏鲸，鲸击蒲牢辄大鸣。凡钟欲令其大声者，作蒲牢于上，而刻鲸形桩槌击之。

四、狴犴：形似虎，有威力，性好讼，故立于狱门。一名"宪章"。

五、饕餮：性好食，故立于鼎盖。

六、扒蝮：性好水，故立于桥柱。

七、睚眦：性好杀，多见于刀剑的吞口。

八、狻猊：形似狮，性好烟火，故立于香炉。一曰"好坐"，为佛的坐骑。一作"金猊"。

九、椒图（一作"椒涂"）：形似螺蚌，性好闭，故用于门户的铺首。

此外尚有如下说法：

金吾：似美人，鱼尾，生两翼。性通灵不寐，故用于警巡。
螭虎：形似龙，好文采，立于石碑两旁。
鳌鱼：形似龙，好吞火，故立于屋脊。一名"蛮哈"，好风雨，在海中背负蓬莱仙山。

龟

龟是水生动物的一种，属我国古代动物分类中的"鳞介"部。它的生物特点是：腹背皆有硬甲，头尾和四肢能缩入甲内，耐饥渴，寿命长。然而在中国，龟所蕴含的文化内容要远比其生物特点丰富，它与龙、凤、麟并称"四灵"，是最大的

一、动物篇

神物、灵物、吉祥物之一。

龟既为灵物,便"其生也不凡"。纬书《春秋运斗枢》谓"瑶光虽星散为龟"。宋人陆游以龟有"三义",故晚年自号"龟堂"。所谓"三义",指贵、闲、寿——富贵闲人且长寿,当然是人人求之不得的。古人将龟分作十类,有神龟、灵龟、摄龟、宝龟、文龟、筮龟、山龟、泽龟、水龟、火龟(详见《尔雅》)。又有八种名龟,为北斗龟、南辰龟、五星龟、八风龟、二十八宿龟、日月龟、九州龟等。

古时占卜用龟,筮则用蓍,合称"龟筮"。龟之所以为占卜所用,根源在其生物特点。龟背有纹理,称作"龟文"。相传有"河图洛书",河图为"龙图",洛书为"龟书",也就是龟背上的纹理。古人认为这种纹理蕴含着神秘莫测的内容。张衡《东京赋》云:"龙图授羲,龟书畀姒。"古代占卜时灼烤龟甲,视所见坼裂之纹,以兆吉凶休咎。

又传龟的寿命极长,所以知之甚广,能够鉴往知来,因而才用以占卜。《淮南子·说林训》曰:"必问吉凶于龟者,以其历岁久也。"由此,旧有"灵龟"之称。灵龟之"灵",不仅在于占卜预兆,还在于其出处与政治密切相关。《太平御览》引《雒书》云:"灵龟者,玄文五色,神灵之精也。上隆法天,下方法地。能见存亡,明于吉凶。王者不偏党、尊者老则出。"又《宋书·符瑞志》亦云:"灵龟者,神龟也。王者德泽湛清,渔猎山川从时则出。五色鲜明,三百岁游于蘩叶之上,三千岁常游于卷耳之上。知存亡,明于吉凶。禹卑宫室,灵龟见。"

在神学政治的浸染之下,龟渐渐成为帝位的象征,与龙靠近;铸龟成为国之重器,与鼎靠近。《后汉书·宦官传序》云:"自曹腾(曹操之父)说梁冀,竟立昏弱。魏武(曹操)因之,遂迁龟鼎。"《注》谓:"龟鼎,国之重器,以喻帝位也。"

龟卜、龟鼎之类,与大众无多关涉,民众最看重的,是龟的长寿,它也就成了古来著名的长寿象征物。相传龟寿多在百岁以上,故以"龟龄"喻高龄。鲍照诗《松柏篇》云:"龟龄安可护,岱宗限已迫。"百岁之寿,显然只是一般龟的寿数,而神龟、灵龟则远不止此。王充《论衡》曰:"龟三百岁大如钱,游于华叶上;三千岁则青边有距。"任昉《述异记》曰:"龟一千年生毛;寿五千岁,谓之神龟;寿万年,曰灵龟。"又《水经注》引《异苑》,谓龟千岁则能言。

龟作为吉祥灵物,应用颇广。或以实物出之,或以雕镂出之,或以图像出之,或以文辞出之;除饲养、赏玩外,其图像在画稿、文具、家具、什器、建筑中均可见到。古今有人喂养龟,以供博览、赏玩。《花镜》云:"龟乃介中灵物也。

一、动物篇

故十朋大龟,圣人所取;金钱小龟,博览所尚。"龟的形象用于雕镂、铸锻,有单铸龟者,北京太和殿前,列龟、鹤彝器各二,以祈国运久远;有雕镂于其他器物者,如印章刻龟形为钮,称"龟钮";碑座刻作龟形,称"龟趺"。旧时有"龟钮镜",其纽亦铸作龟形。

古人以龟为长寿象征,故取名多有用龟者,比如"龟年",是旧时颇具典型意义的名字。又以"龟龄"喻人长寿,或与"鹤算"结合称"龟龄鹤算",为祝寿之词。宋人侯真《水调歌头·为郑子礼提刑寿》词云:"坐享龟龄鹤算,稳佩金鱼玉带,常近赫黄袍。"寿联也多取此吉语入对,如:

高龄稔许同龟鹤;
瑞世应知有凤毛。

吉祥图案有"龟鹤齐龄",为龟、鹤的纹图,用于画樯、家具、什器、建筑等。

龟在中国文化史上并不总是神圣光彩的,大约从唐宋时代始,龟也成为骂人之词。元人陶宗仪《辍耕录》"废家子孙诗"条云:"宝眷皆为撑目兔,舍人总作缩头龟。"近代文辞中的龟多有取此意者。然而,对龟"缩"的特性,古人也予以正面的积极解释。龟遇危险,将首尾、四肢缩于甲中,称"龟藏六""龟藏",后用以比喻防止过失而不出头。佛家以此为喻,启发僧徒。《阿含经》云:"有龟被野干所包,藏六而不出;野干怒而舍去。佛告诸比丘,当如龟藏六,自藏六根,魔不得便。"

二、植物篇

松

松是数千年来文人墨客所咏赞的对象，也是朝野普遍珍视的吉祥植物。《花镜》云："松为百木之长，诸山中皆有之……其质磥砢修耸，多节永年。皮粗如龙鳞，叶细如马鬣，遇霜雪而不凋，历千年而不殒……"这段概括，道出了松的两个主要特性，而这也是它吉祥寓意的基本根源。

在我国传统植物文化观念中，松被视作"百木之长"。《史记》曰："松柏为百木之长也。"后世的《花镜》《群芳谱》等相关典籍中，也都作如是观。松经古人以现实人伦关系如此规范之后，又与同样为现实人伦关系规范着的政治秩序联系起来，称作"木公""大夫"。

在"名不正则言不顺"和"训诂"之学异常发达的中国，

人们从来没有忘记给自己推崇的事物起一个好听的名字，或是从已有的名称中诠释出一些不平凡的意义来。松即是如此。王安石《字说》如此训释："松为百木之长，犹公也，故字从公。"又有人折"松"字为十、八、公，称其为"十八公"。其实，《说文》早就讲过："松，木也，从木公声。古文槟，从木容声。"但这并不妨碍人们一厢情愿地沿着所期望的路子走下去。有人为此写赋作传，如元代冯子振写有《十八公赋》，明代洪璐作有《木公传》。有人因此而作文字游戏，含沙射影。《大唐新语》（《太平御览》引）记云：

　　有个叫贾嘉隐的七岁神童，受到皇上召见，太尉长孙无忌和司空李勣立于朝堂，李勣戏谓嘉隐曰：吾所倚者何树？嘉隐对曰：松树。勣曰：此槐也，何忽言松？嘉隐：以公配木，则为松树。无忌连问之：吾所倚者何树？嘉隐对曰：槐树。无忌曰：汝不能矫对耶！嘉隐应声曰：何矫对？但取鬼配木耳。

　　此外，史载秦始皇泰山封禅，下山时风雨骤至，曾在一棵大松树下避雨，后来便封这树为"五大夫"（五大夫为秦爵位的第九级），后人称为"五大夫松"，松也就有了"大夫"的称号，《幼学故事琼林》所谓"竹称君子，松号大夫"。

　　松的另一特点是凌霜不凋、冬夏常青。其实，松并非不落叶的,只是新陈代谢及时,看上去终年葱郁。对这一特性,早在两千年前,孔子就赞叹道:"岁寒,然后知松柏之后凋也。"这样,松也就顺理成章地被人视作长青之树,赋予其延年益寿、长青不老的吉祥寓意。进而,松脂、松下所生茯苓,被视为长生不死之药。《太平御览》引《汉武内传》曰:"药有松柏之膏,服之可延年。"

晋葛洪《抱朴子》则详细记载了主题相同的一则仙话:

上党赵瞿病癞历年,垂死,其家弃之,送置山穴中。瞿怨泣经日。有仙人见而哀之,以一囊药与之。瞿服百余日,其疮都愈,颜色丰悦,肌肤玉泽。仙人再过之,瞿谢活命之恩,乞求其方。仙人曰:'此是松脂,山中便多此物。汝炼服之,可以长生不死。'瞿乃归家常服,身体转轻,气力百倍,登危涉险,终日不闲。年百余岁,齿不堕,发不白。

像我国的许多吉祥物一样,松也被视作体现政清民和的祥瑞,《太平御览》引《礼斗威仪》曰:"君乘木而干,其政平,则松为常生。"松也是吉祥的梦兆,一本叫《梦书》的书说:"松为人君,见松者,见人君之征也。"《三国志·孙皓传》云:司徒丁固"初固为尚书,梦松树生其腹上,谓人曰:'松字十八公也。后十八岁,吾其为公乎!'卒如梦焉。"

松更为普遍地，是被视作祝颂、祈盼青春永驻、健康长寿的象征物，尤其是被当作祝寿的题材。画一帧"松鹤图"，倩人写一幅内容大众化的"福如东海长流水，寿比南山不老松"寿幛，送一个插有松枝的花篮，都是生辰寿诞的佳品。在以松为题材的吉祥图案中，有"岁寒三友"（松竹梅的纹图）、"松柏同春"（松和柏的纹图）、"松鹤长春"（松下鹤的纹图）、"松菊延年"（亦称"松菊犹存"，松和菊的纹图）、"仙壶集庆"（花瓶中插着松枝、灵芝、梅花、水仙，旁边配合草和萝卜的纹图），等等，广泛应用于画稿、文具、什器等。

柏

柏与松并称，也是百木之中的佼佼者。王安石《字说》释柏云："柏犹伯也，故字从白。"伯为公、侯、伯、子、男五等爵的第三等，松为公，柏为伯，正说明松、柏地位的相近。

柏的特异之处，《群芳谱》云：柏，"阴木也。木皆属阳，而柏向阴指西，盖木之有贞德者，故字从白。白，西方正色也。"不同流合污，坚贞有节，这是柏的高洁之处。大约正是这种刚直不阿，赋予柏以避邪的功效。《风俗通》载：魍象好食死人肝脑，人们不能常令方相立于墓旁防御，于是别求他法，"墓上树柏，路头石虎"，而"魍象畏虎与柏"。又《幽明录》载：把柏树截成人体长短，放在床上，可以消灾免祸。《本草纲目》也说"元旦以之浸酒辟邪"，民间亦有插柏枝避邪的习俗。

柏的种类也比较多，有扁柏、侧柏、花柏、罗汉柏等。与松一样，柏也是有用之材，可作栋梁。同时，其子可入药，其叶可烹汤浸酒。由于柏是"与松齐寿"（《花镜》）的长寿之木，故而其实际功用和吉祥寓意，也多以延年益寿为主题。

李时珍《本草纲目》云："柏性后凋而耐久，禀坚凝之质，乃多寿之木，所以可入服食。道家以之点汤常饮，元旦以之浸酒避邪，皆取于此。麋食之而体香，毛女食之而体轻，亦其证验矣。"这里的"毛女"，还有一段轶闻，见于《抱朴子》。据云：

（汉）成帝时，猎者于终南山下见一人，无衣服，身皆生黑毛，跳坑越涧如飞。乃密伺其所在，合围取得，乃一妇人。问之，言是秦之宫人，关东贼至秦，秦王出降，惊走入山，饥无所食。有一老翁，教我食松柏叶实，初时苦涩，后稍便吃，遂不复饥，冬不寒，夏不热。此女是秦人，至成帝时三百余载矣。

《列仙传》《仙绎》也都说食柏子可以延年益寿、返老还童，"赤须子好食柏实，齿落更生""服柏子，人长年"。柏叶可食，更可以烹汤、浸酒。柏叶浸酒不仅可以辟邪，也可延年，《汉官仪》云："正旦饮柏叶酒上寿。"至于柏叶茶，明高濂《遵生八笺》讲得尤为细致："柏叶汤可以代茶，夜话饮之尤醒睡。饮茶多则伤人，耗精气，害脾胃；柏叶汤甚有益。"此外，柏也充当吉祥图案的题材，比如"松柏同春"，就是松和柏在一起的纹图。

在传统观念中，"百"为极数，极言其多，因而举凡事物冠之以"百"，即可概称其全部，如百事、百兽、百鸟、百川，等等。"柏"音同"百"，谐音取意，便有了另一层含义。在吉祥图案中，常可见柏与柿的纹图，取义"百事"，加如意成"百事如意"，加大桔（橘）子成"百事大吉"（"桔"与"吉"音近），用于画稿、什器等。也有以实物组合表达这一层意思的，《西湖游览志馀》谓："杭州习俗，元日签柏枝、柿饼以大桔承之，谓之'百事大吉'。取柏、柿、大桔与'百事大吉'同音故也。"

二、植物篇

桂

《花镜》云:"桂一名梫,一名木樨,一名岩桂。叶对生,丰厚而硬,凌寒不凋。"桂多生于南方,有丹桂、金桂、银桂、月桂、八月桂、柳叶桂等多种。其中丹桂、金桂、银桂均以花的颜色(红、黄、白)得名。八月桂在农历八月开花(民歌有"八月桂花遍地开"之句),因而八月又有"桂月"之称。桂花亦称木樨花,香气袭人,为名贵花种。

月桂之名源于神话传说,西汉时的《淮南子》就说"月有桂树",唐段成式《西阳杂俎》讲得更具体:"旧言月中有桂,有蟾蜍,故异书言月桂高五百丈,下有一人常斫之,树创随合。其人姓吴名刚,西河人,学仙有过,谪令伐树。"王象晋《群芳谱》谓月桂亦名"天竺桂",所言颇近于事实,"天竺桂即今闽粤浙中山桂,台州天竺最多。生子如莲头,或二或三,离离下垂,天竺僧称为'月桂'。其花时常不绝,枝头叶底,依稀数点,亦异种也。"

把桂树及桂花视作祥瑞休应,古已有之。《太平御览》引《礼斗威仪》曰:"君乘金而王,其政讼平,芳桂常生。"神仙家的著作以及其他典籍视其为长生不死之药,《说文解字》曰:"桂,江南之木,百药之长。"《抱朴子》云:"和服之七年,能步行水上，长生不死。"桂子、桂花用作药饵，确有其事，长生不死之效则属神仙家言了。此外，桂花茶、桂花酒借桂花清香，已成一代名饮。

不过，桂在观念意识中的吉祥寓意，主要集中在另外的三个方面。

科举高中，古来一向称为"蟾宫折桂""折月桂"。此说始于晋代的故实。《晋书·郤诜传》载：郤诜迁雍州刺史，"武帝于东堂会送，问诜曰：'卿自以为何如？'诜对曰：'臣举贤良对策，为天下第一，犹桂林之一枝，昆山之片玉。'"称中举为折桂，隐含及第非易、荣耀之极的意思。

与及第折桂的意思相联系，旧称子孙仕途昌达、尊荣显贵为"兰桂齐芳""兰桂腾芳"。这里，兰、桂指代子孙。相传五代时燕山人窦禹钧生有五子，相继成为秀才，当时的大臣冯道赠诗曰："燕山窦十郎，教子有义方。灵椿一枝老，丹桂五枝芳。"《三字经》中也咏及此事："窦燕山，有义方，教五子，名俱扬。"古典名著《红楼梦》写到了贾府大厦倾圮的悲壮衰落，也写到了李纨之子贾兰与宝玉之子贾桂的科举高中，正所谓"兰桂齐芳。"

桂音谐"贵"，象征富贵。在日常生活和礼仪生活中，桂子、桂花常寄寓"贵子"之意，如吉祥图案"连生贵子""福增贵子"

就是莲花和桂花、蝙蝠和桂花的纹图。婚礼撒帐、贺婴孩诞辰用桂子，意在祝愿早生贵子、养成贵子。桂也象征一般意义上的富贵，南方民间有给新妇簪桂花的习俗，意在祝福新人荣华富贵。桂花与桃子或桃花组合的纹图，表示"贵寿无极"的意思。

椿

《庄子·逍遥游》曾说："上古有大椿者，以八千岁为春，八千岁为秋。"可见椿树很早就被视为长寿之木。正因如此，人们常以"椿年""椿龄"为祝人长寿之词。唐钱起《柏崖老人》诗云："帝力言何有，椿年喜渐长。"宋柳永《御街行》词有句："椿龄无尽，萝图有庆，常作乾坤主。"古来以椿入寿联者多矣，诸如："筵前倾菊酿，堂上祝椿龄""椿树千寻碧，蟠桃几度红""大椿常不老，丛桂最宜秋""鸠杖引年，椒花献瑞；鹤筹添算，椿树留荫"等等。

正因为椿有长年寿考的特性，人们便以之比喻严父。明王世贞《艺苑卮言》指出："今人以椿萱拟父母，当是元人传奇起耳。"其实，唐时牟融《送徐浩》诗早有此说："知君此去情偏切，堂上椿萱雪满头。"又据《宋史·窦义传》载，五代后周窦禹钧五子相继登科，冯道赠诗有"灵椿一枝老，丹桂五枝芳"句，也是以椿拟父。此外，"椿庭"亦可代称父亲，相传是由孔鲤趋庭接受父训而来，孔子教子事见《论语·季氏》。明朱权《金钗记》传奇有云："不幸椿庭殒丧，深赖萱堂训诲成人。"正是王世贞所谓"以椿萱拟父母"。总之，历代此类诗词文句数不胜数。这一现象也说明，在传统社会里，伦理观念之渗透是何其深广！

民间还有许多关于椿的俗信。据说，香椿树开花是比较少见的，遇到它开花时，人们就取以为药；又说椿树花不能沾土，落在地上就会无影无踪，必须到树上去采摘。更有趣的是摸椿长高的习俗。在鲁西南地区，除夕晚上儿童有摸椿树王的习俗，民众认为孩子在椿树下转几圈有助于长高。无独有偶，在河南汝阳，盼望早日长大成人的儿童，初一早上要双手抱着椿树，口里念诵"椿树椿树你为王，你长粗来我长长"的祝吉之语，希望自己在新的一年里万事如意，健康成长。李时珍《本草纲目》曰："椿樗易长而多寿考。"上述俗信的根据，大约就在于椿树的"易长"。

二、植物篇

槐

中国民间有句俗语:"门前一棵槐,不是招宝,就是笼财。"仅此一点,就足以说明槐的吉祥特性。

与其他许多神兽仙草一样,槐亦未能逃脱神学政治的浸染。它被认为"灵星之精"或"虚星之精",不仅神奇异常,而且有助于怀来远人、决断诉讼。《汉书·五行志》云:"昭帝建始四年,山阴社中大槐树,吏人伐断,其夜复自立如故。"《周礼·秋官》的一条注解称:"槐之言怀也,怀来远人于此,欲与之谋。"纬书《春秋元命苞》说人君"树槐听讼其下",注称"怀之言归也,情见归实也。"

同时,槐还是三公的象征。早在《周礼·秋官》就指出:"朝士掌建邦外朝之法,……面三槐,三公位也。"宋代的一则故事,更使这个概念变得有声有色。《宋史·王旦传》载:

> (王旦)父祜,尚书兵部侍郎,以文章显于汉、周之际,事太祖、太宗为名臣。尝谕杜重威使无反汉,拒卢多逊害赵普之谋,以百口明符彦卿无罪,世多称其阴德。手植三槐于庭,曰:'吾之后世,必有为三公者,此其所以志也。'

世人庭院多种槐，目的就在于讨个吉兆，期冀、祈愿子孙位列三公，如《花镜》所云："人多庭前植之，一取其荫，一取三槐吉兆，期许子孙三公之意。"由于槐树与子孙搭上了联系，民间便有人用之于祈子：山东滕州民众旧时把槐树视作祈子的灵物，俗说不孕妇女吃了槐树籽便能"怀子"。由此再进一步，槐便无所不能，也便有所谓"门前一棵槐，不是招宝，就是笼财。"

槐叶、槐籽有蔬食与药用价值。《本草纲目》云："槐初生嫩芽，可煠熟水淘过食，亦可作饮代茶，或采槐子种畦中，采苗食之亦良。"这里说的是槐叶、槐苗，此外槐花还可染色，但功用最为奇妙的是槐籽。《抱朴子》云："此物至补脑，早服之令人发不白而长生。"陶弘景《本草注》云："服之令脑满，发不白而长生。"高濂《遵生八笺》云："每日吞一枚，百日身轻，千日白发自黑，久服通明。"《名医别录》云：槐籽"久服明目益气，头不白，延年"。南北朝时期的《颜氏家训》还谈到了实例："庾肩吾常服槐实，年七十余，目看细字，须发犹黑。"（《梁书》曾记其事。）如此宜身强体、延年益寿之物，被人们所珍视，被人们尊为吉祥物，实在是不言而喻的。

红豆

男欢女爱、婚姻美满，是人生幸福的重要组成部分，是人们所着力追求的。然而，"人有悲欢离合，月有阴晴圆缺，此事古难全"。不过，别离后的相思使爱情的春醪更加醇釅。故而古人寄一片深情于红豆，红豆便成为国人的吉祥物。

红豆树又名"相思木"，生于南方。《花镜》云："红豆树出岭南，枝叶似槐，而材可作琵琶槽。"左思《吴都赋》刘渊林注曰："相思，大树也。材理坚，邪斫之则文，可作器。"关于红豆树的来历，还有一则故实，发生于春秋战国时代。任昉《述异记》云："昔战国时，魏国苦秦之难。有以民从征戍秦，久不返，妻思而卒。既葬，冢上生木，枝叶皆向夫所在而倾，因谓之相思木。"

红豆树的果实为红豆，又称"相思子"。红豆树"结实似角。来春三月，则荚枯子老，内生小豆，鲜红坚实，永久不坏。"（《花镜》）。红豆形似豌豆，微扁，颜色为鲜红和半红半黑两种。半红半黑的又叫"相思子"，唐李匡乂《资暇集》云："豆有圆而红，其首乌者，举世呼为相思子，即红豆之异名也。"

红豆不堪食用，却颇贵珍玩。据《花镜》载，通红的红豆"俗皆用以为吉利之物"，或用来"嵌骰子"，或"贮银囊"；

半红半黑的相思子,"人多采以为妇人首饰"。红豆既为爱情与相思的象征物,自然为士人淑女所重。运用最妙的莫过于"红豆戒指"。我国传统上的戒指,原为后宫粉黛是否有身、皇上可否临幸的识别标志,后世则为爱情信物。戒指嵌红豆,以表达倾慕、相思之情,最为恰切。

此外,古来红豆入诗、入画者亦不少见。诗以王维《相思》最为著名,其句云:

红豆生南国,春来发几枝。
愿君多采撷,此物最相思。

梧桐

俗语说:"栽下梧桐树,引来金凤凰。"梧桐自古就是我国的吉祥植物。梧桐仅是桐的一种,桐树除梧桐树,还有白花桐、紫花桐、油桐、泡桐等。不过,后人提及古时之桐,皆称梧桐,许多故实、功用都加之于梧桐。

桐的实用价值颇多,白桐、紫桐是上等木材,诚如陈翥《桐谱》所云:"桐之材,……采伐不时而不蛀虫,渍湿所加而不腐败,风吹日曝而不坼裂,雨溅泥污而不枯藓,干濡相兼而其质不变，梗楠虽寿而其永不敌，与夫上所贵者卓矣。"此外，油桐可榨桐油，泡桐是优秀的绿化树种。

最富文化意义的，是桐木宜于制琴。典籍记载的最早故实，是所谓"神农始削梧为琴"（桓谭《新论·琴道》）；《诗经·鄘风·定之方中》亦云："树之榛栗，椅桐梓漆，爰伐琴瑟。"有的典籍指出了最宜制琴的桐树，"白桐宜琴瑟"，"梧桐生于峄山阳岩石之上，采东南孙枝为琴，声甚清雅"（《风俗通》），"梧桐山石间生者，为乐器则鸣"（《齐民要术》）。《后汉书》还载有蔡伯喈（蔡邕字伯喈）制"焦尾"名琴的故事："蔡邕泰山行，见爨桐，闻爆声，曰：'此良木也。'取而为琴。"

桐在观念意识中也占有极其重要的地位。人们视其为"灵树"，其生也不凡："扶桑梧桐松柏，皆受气淳矣，异于群类者也。"（《太平御览》引《王逸子》）它的出现与圣君仁政伴生："君乘火而王，其政平，梧桐为常生"（《礼斗威仪》），"王者任用贤良，则梧桐生于东厢"（《瑞应图》）；相反，"梧桐不生，则九州异主"。

梧桐之灵还在于"知岁时"，《花镜》云："此木能知岁时，清明后桐始华；桐不华，岁必大寒。立秋是何时，至期一叶先坠，故有'梧桐一叶落，天下尽知秋'之句。"唐李中《新秋有感》诗曰："门巷凉秋至，高梧一叶惊。"又司马光《梧桐》诗："初

113

闻一叶落,知是九秋来。"《花镜》又云:梧桐"每枝十二叶,一边六叶,从下数一叶为一月,有闰则十三叶。视叶小处,即知闰何月也"。

梧桐的另一特性是招引凤凰。《诗经·鄘风·定之方中》云:"凤凰鸣矣,于彼高岗。梧桐生矣,于彼朝阳。"郑《笺》曰:"凤凰之性,非梧桐不栖。"宋邵博《邵氏闻见录》亦曰:"梧桐百鸟不敢栖止,避凤凰也。"凤凰为神鸟、百鸟之王,凤凰所栖的梧桐也便是神异的。后世赋予梧桐以许多吉祥佳瑞,比如富足、安康等,婚姻中男方条件好而谋得贤美佳偶,某地、某单位以优惠待遇招徕人才,经营中企业以优异条件吸引投资,都可谓"栽下梧桐树,引来金凤凰。"

梧桐还因"桐"与"同"音同,谐音取义,表达吉祥寓意。如吉祥图案"同喜",就是梧桐和喜鹊的纹图。

竹(天竹附)

竹是一种独特的植物,古人所谓"不刚不柔,非草非木"(晋戴凯之《竹谱》)。不过,按现代植物科学分类,竹属禾本植物。在我国,很早就有人歌咏竹,《诗经》《离骚》中多有这样的句子,历代文士关于竹的诗词歌赋、轶事佳话不胜枚举。

二、植物篇

同时,竹又与人们的日常生活密切关联,竹材可用来建屋、树篱、制笔、造纸、做家具,竹笋可供蔬食,竹园可资清赏……就此,有人以这种具有丰厚文化意蕴的植物为中心,综括了一个文化专题——竹文化。

从自然美的角度看,竹有其特异的审美价值,它亭亭玉立,婆娑有致,清秀素洁,"值霜雪而不凋,历四时而常茂,颇无妖冶,雅俗共赏"(《花镜》)。由此,人们普遍地栽植莳艺、把玩欣赏,便是十分自然了。在这种人与物的密接过程中,中国式的"比德"思维又渐渐赋予竹许多社会美的特质,视其为贤人君子。古人出于崇德慕贤的心理动机,亲切地称竹为"此君",《晋书·王徽之传》云:

> 徽之字子猷,性卓荦不羁。……时吴中一士大夫家有好竹,欲观之,便出坐舆,造竹下,讽啸良久。主人洒扫请坐,徽之不顾。将出,主人乃闭门,徽之便以此赏之,尽叹而去。尝寄居空宅中,便令种竹。或问其故,徽之但啸咏,指竹曰:'何可一日无此君邪!'"

关于竹的君子德行和君子风度,古人概括为四,白居易《养竹记》讲得最为详尽:"竹似贤,何哉?竹本固,固以树德,君子见其本,则思善建不拔者。竹性直,直以立身,君子见其性,

115

则思中立不倚者。竹心空,空以体道,君子见其心,则思应用虚受者。竹节贞,贞以立志,君子返其节,则思砥砺名行、夷险一致者。夫如是,故号'君子'。"

竹的高节品行,激励人们见贤思齐,使之乐与贤者比邻而居,于是"人多树以庭除间",以至于"宁可食无肉,不可居无竹"(宋人文同语)。同时,以竹的高洁品行为主题构成的吉祥图案,亦广泛地应用于生活之中;且不像某些吉祥物多见于礼仪生活,而是更普遍地存在于日常生活,比如:

岁寒三友——松、竹、梅的纹图。

五清图——松、竹、梅、月和水的纹图。

五瑞图——松、竹、萱、兰、寿石……

由于我国传统社会的普遍美德(君子之道)往往只适用于男子,也由于竹的自然风采与理想士人风度的叠合,竹还与梅相连,指称夫妻。用于贺婚的吉祥图案"竹梅双喜"(竹、梅和两只喜鹊的纹图)便是如此。此外如婚联:

霜染竹叶藏青缕;
露滴梅花点黛眉。

二、植物篇

约略提及竹、梅,而化用"青梅竹马"故实的婚联就更多了,如:

昔日同窗,竹马青梅谈理想;
今宵合卺,高山流水话知音。

青梅竹马男偕女;
海誓山盟女嫁男。

竹的可食部分主要是笋,此外,古籍记载竹实、竹汁亦可食饮。《神仙传》曰:"离娄子服竹汁饵桂得仙。"《韩诗外传》云:"黄帝时,凤凰栖帝梧桐,食帝竹实。"这些也都增添了竹的吉祥意义。

竹有多种,晋戴凯之《竹谱》列有61种,宋僧赞宁《笋谱》列有85种,其中斑竹(亦称湘妃竹)、慈竹(亦孝竹、子母竹),都有一定的文化蕴含。此外有天竹,亦称天竺、南天、南天竹,常谐音取意,以天竹之"天"代天地之"天",表现吉祥寓意,如绘天竹和南瓜或加长春花的纹图,表示"天长地久""天地长春";绘天竹和灵芝表示"天然如意"。

竹还谐音"祝",表示祝颂的意思。吉祥图案"华封三祝"便是竹和其他两种吉祥花草(或两只小鸟)的纹图,竹与两种花草或小鸟成"三祝"之"三",竹又谐"祝"。

合欢

合欢为豆科合欢属落叶乔木,叶为二回偶数羽状复叶,由多数小叶合成,夜间两两相对,自行闭合。合欢因叶子夜间闭合的生物特性,生出许多别名来,如合昏、合婚、夜合等,同时也因此而被赋予一定的文化蕴含。

我国古人很早就注意到了合欢叶暮合晨舒的特性,对此多有记载。崔豹《古今注》云:合欢"枝叶繁弱,牙相交结,每一风来辄自相解,不相牵缀",没有提及交结的时间。《花镜》、《群芳谱》则明确提到晨暮,前者云:"每夜,枝必互相交结,来朝一遇风吹,即自解散。"后者曰:"叶圆而绿,似槐而小,相对生,至暮而合。"

合欢叶暮合晨舒的特性与夫妇之义恰合,故而很早就渗入我国婚姻文化之中。古代婚礼"六礼"的"纳采",先秦时均只用雁;到了汉代,纳采所用礼品增至十数种,其中便有合欢或合欢铃。合欢铃亦称"合婚铃",取其音声和谐,象征婚姻美满。又有"合欢杯""合欢梁"。旧时新婚夫妇结婚所用的杯叫"合欢杯",象征合欢偕老。唐宋之问诗句

二、植物篇

有云："莫令银箭降,为尽合欢杯。"合欢梁为旧时婚俗的一种仪式,《说郛·戊辰杂钞》载:"女初至门,婿去丈许逆之,相者授以红绿连理之锦,各持一头,然后入,俗谓之'通心锦',又谓之'合欢梁'。言夫妇至此相通如桥梁也。"这种礼仪用品,晚近的传统婚礼中也常可见到。

又,古时有合欢诗,以夫妇声气应和为主题。尚有合欢被、合欢结、合欢帽、合欢殿,都取合欢的吉祥寓意而命名。合欢更是婚联中常用的题材,通用婚联如:

连理枝头腾凤羽;
合欢筵上对鸾杯。

洞房婚联如:

并蒂花开连理树;
新醅酒进合欢杯。

花好月圆,昔日曾共砚;
志同道合,今宵庆合欢。

合欢的羽状复叶颇似马鬃,又有"马缨花"之称。不过,它还有颇具文化意义的另一系列的名称,如青裳、宜身、蠲忿。

《花镜》云："合欢,一名蠲忿……能令人消忿。"《群芳谱》云:合欢"一名宜身……使人释忿恨……安和五脏,利心志,令人欢乐。"《古今注》亦云:"欲蠲人忧,则赠以丹棘,丹棘一名忘忧;欲蠲人忿,则赠以青裳,青裳一名合欢,能忘忿。"合欢、蠲忿、宜身是统一的,欢乐忘忿,自然有益身心健康。

大体来说,蠲忿是就人的精神而言的,庭园植合欢,莳艺赏玩,便可忘却忧忿。故而古人多在住居近旁栽植合欢,"树之庭阶",不仅曾有"嵇康种之舍前",(嵇康《养生论》尝曰:"合欢蠲忿,萱草忘忧。")而且"人家宅第园池间,皆宜植之"。宜身就心而言,更就身而言,《本草经》云:"合欢味甜,平生川谷,安五脏,和心气,令人欢乐无忧,久服轻身明目。"

枣

在众多果木之中,枣算是极其普通的,并无神异之处。枣树枝有刺,叶呈卵形,果实椭圆可食。枣木坚硬,可供器具、印刷雕版等材用。旧时,称枣木、梨木的印刷雕版为"枣梨",称枣木刻板印刷的书为"枣本"。当然,枣的最大功用,还在于果实的实用价值。

二、植物篇

　　《群芳谱》云：枣"一名木蜜。皮粗叶小，面深绿色，背微白，发芽迟。五月开小花，淡黄色，花落即结实。生青不堪食，渐大渐白，至微见红丝，即堪生啖。熟则纯红，味甚甘甜。"枣不仅可以生吃，也可以做成各种饮品、食品。古人吃枣糕，汉崔寔《四民月令》载："齐人呼寒食为冷节，以面为蒸饼样，团枣附之，名曰枣糕。"此外尚有枣粥、枣饼等，又有枣茶。枣不仅可供疗饥，也有较高的医用价值，"能开胃健脾"（《群芳谱》），"补中益气，久服神仙"（《本草经》）。宋代陶毂《清异录》总结云："百益一损者，枣；……医氏目枣为'百益红'。"

　　枣与栗合用，被古人用以表示妇人之贽（详见"栗"条）。

　　我国北方农家多于院中栽种枣树，一方面食其果，一方面讨"早"的口彩。枣音与"早"同，院中栽枣树，意在祈愿"早生子""早发财"。此外，枣与栗子（或荔枝）的纹图称"早立子"，枣与桂圆组成的纹图称"早生贵子"，多用于婚礼祈祝子嗣。吉祥图案中表达"早"的意思多以枣为题材。新婚"撒帐"用枣、栗子、花生等，意在祝福婚夫妇"早立子"。

栗

栗与枣一样，也是极其普通的果木。《花镜》曰：栗"树似栎，而花色青黄，与他花无异。枝间缀花，长二三寸许，有似胡桃。人俟其花时收之，点火风雨不灭。结实如球，外有芒刺，内有栗房，一包三五枚，熟则罅坼子出。"

栗的实用价值，较之于枣，有过之而无不及。古籍中有千株栗树人家富比千户侯的说法。栗子不仅可供食用，亦有一定药用价值。《本草纲目》说："栗厚肠胃，补肾气，令人耐饥。"此外，水旱伤稼之年，栗子还可以充作食粮救荒。据《韩非子》载："秦大饥，应侯请曰：五苑之果蔬、枣栗，足以活民，请发之。"

栗的文化蕴含主要在三个方面。第一，古时用栗木做神主（亡人的牌位）。《公羊传》云："虞主用桑，练主用栗。栗者藏主也。"《旧唐书》亦云："谨按典礼，虞主用桑，练主用栗，重作栗主则埋桑主。"虞主是虞祭即服丧期所用的神主，此后则用练主，后通称宗庙神主为栗主。

第二，栗与枣合，被古人用以表示妇人之贽。《礼记·曲礼》云："妇人之贽，脯脩枣栗也。"《国语·鲁语上》亦云："夫妇贽不过枣栗，以告虔也。"注曰："枣，取早起；栗，取欲慄，

二、植物篇

虔敬也。"也就是说，妇人对其丈夫要战战兢兢、恭恭敬敬。《太平御览》引《韩诗》言"东门之栗，有靖家室。栗，木名。靖，善也。"是说栗"有靖家室"，利于家庭和睦。

　　在广大民众心里，几乎尽人皆知的栗的文化意蕴，仅是一音之转而来。我国传统社会是园艺式农业为基础的宗法社会，人人皆以为"多子多福"，"早生儿早得济"，早婚早育成为传统。栗子与"立子"谐音，便被取作求子祝吉的吉祥物。在一些地区，新婚之日，新房桌上要放枣、栗、花生、石榴等；有的则是福寿双全的老人，将这些果品撒向新人的绞绡帐或屋角，并诵吉语："一把栗子一把枣，小的跟着大的跑。"还有的是新娘怀中揣枣、栗等，等到新房脱外衣坐帐时撒落。种种仪俗，用意都在祝吉求子。此类吉祥图案有：立子——栗子的纹图；早立子——枣和栗子（或荔枝）的纹图……

桃

　　桃为蔷薇科落叶果木，原产中国，已有两千多年的栽培历史。在两千年的历史发展中，桃渐渐成为我国最具文化特色的树木，花、果、木都与人们的生活联系，在民俗观念、宗教观念、审美观念中都占有极其重要的位置。

桃树二、三月间开花,有"红、白、粉红、深红之殊……烂漫芳菲,其色甚媚"(《群芳谱》),正所谓"桃之夭夭,灼灼其华"。古人常用桃花来比喻美女娇容。与妇女有关的事情,或者妇女所用物什,也都冠以"桃"字,诸如胭脂又叫"桃花粉",用胭脂淡抹两颊而成的妆容称"桃花妆"。俗又以为"三月三日,采桃花,浸酒服之,除百病,好颜色"(《太清方》)。种桃时"将桃核刷净,令女子艳妆种之,他日花艳而子离核"(《群芳谱》)。桃与女子如此投桃报李、互相作用,这正所谓"人面桃花相映红"了。

在中国古代神话中,桃树为逐日的夸父的手杖化成。《山海经·海外北经》载:"夸父与日逐走,入日,渴欲得饮。饮于河渭,河渭不足,北饮大泽。未至,道渴而死,弃其杖,化为邓林。"邓林也就是桃树林。不过,《春秋运斗枢》又说:"玉衡星散为桃。"两说虽有出入,但都指出桃树之不凡。

桃树神异之突出表现,是桃木可以制鬼辟邪。《太平御览》引《典术》曰:"桃者,五木之精也,故厌伏邪气者也。桃之精生在鬼门,制百鬼,故今作桃人梗著门,以厌邪气。"桃制百鬼、鬼畏桃木的另一种解释是:相传东海度溯山有大桃树,其下有神荼、郁垒,专门简阅百鬼,把祸害人的赖鬼

二、植物篇

捉了喂虎。古人多用桃木制作各种厌胜之具，诸如桃人、桃印、桃梗、桃板、桃符等。桃人用桃木削成，桃印用桃木刻成，桃梗用桃木雕成，均可立在或挂在门边，用以驱鬼辟邪。迄今为止，有些地方五月端午和小孩生日，还在门上挂桃枝以避邪。

桃木用以制鬼辟邪的特色，最集中的体现是桃符。桃符由桃人、桃印、桃梗发展而来，是在桃木板上画神荼、郁垒二神像，立于门旁的。南朝梁宗懔《荆楚岁时记》载："正月一日，……贴画鸡户上，悬苇索于其上，插桃符其旁，百鬼畏之。"五代后蜀时，开始在桃符板上书写联语，后来改为在纸上书写，形成了后代的春联。由此可知，春联这一传统年节文化中的重要节物，正是从桃木制鬼的特性衍化、演变而来，故而诗词中常可见以"桃符"代春联者。

不过，制鬼辟邪的特性不只存在于桃木，也见于桃实。古时有"桃汤"，用桃子煮成，据说挥洒、饮用可以驱邪祈福。《汉书·王莽传》云："又感汉高庙神灵，遣虎贲武士入高庙……桃汤赭鞭，鞭洒屋壁。"又《荆楚岁时记》云："正月一日，……长幼悉正衣冠，以次拜贺，进椒柏酒，饮桃汤。"

桃实俗有"仙桃""寿桃"之称，俗谓食之可以长寿延年。《神农经》云："玉桃服之长生不死。若不得早服之，临死服之,其尸毕天地不朽。"西王母瑶池所植蟠桃,为桃实中的上品。传说此桃三千年一开花、三千年一结实,食用一枚可增寿六百年。西汉滑稽大家东方朔曾三次偷食此桃,汉武帝则曾得西王母馈赠蟠桃四颗。

时至今日,桃仍旧是为人祝寿的佳品,或用鲜果,或蒸面桃。即便是舶来品的蛋糕,用于年长者,也不免要点缀桃子。以桃为题材的吉祥图案也很多,祝寿的主题大多离不了桃,诸如:

多福多寿——很多蝙蝠和桃的纹图。
福寿双全——蝙蝠、桃和两枚古钱的纹图。
蟠桃献寿——仙人持桃立于桃树下的纹图。
贵寿无极——桂花和桃(或桃花)的纹图。

此外还有"三多""华封三祝""瑶池集庆""东方朔捧桃",等等。

石榴

石榴为石榴科落叶小乔木,又名安石榴、丹若、涂林、金罂、

二、植物篇

天浆。史载石榴乃汉武帝时,张骞出使西域从安石带回,故称"安石榴"。但从马王堆汉墓出土的医典中可知,早在西汉以前,我国就有石榴了。石榴花多为橙红色,亦有黄色或白色、玛瑙色及红白相间者。果实为球形紫果,果皮呈黄褐色或红褐色。皮内种子众多,一般为红色,由薄膜隔为数室。

就观赏而言,石榴花开如火如霞,光彩夺目,遍染群林。古人吟咏石榴的诗词,多称其"丹若""涂林"。南朝梁元帝萧绎《咏石榴》诗云:"涂林应未发,春暮转相催。燃灯疑夜火,连珠胜早梅。……"西晋潘岳《安石榴赋》云:"若榴者,天下之奇树,五州之名果也。是以属文之士,或叙而赋之。遥而望之,焕若隋珠耀重渊;详而察之,灼若列宿出云间。千房同膜,千子如一,御饥疗渴,解酲止醉。"

作为吉祥物,石榴是多子多福的象征。这主要源自榴果的特点。古人称石榴"千房同膜,千子如一"。早在六朝时代,石榴就被用作生子、多子的祝吉之物。据《北史》记载,北齐高延宗纳赵郡李祖收之女为妃。后来当他临幸李家时,妃子的母亲宋氏以两颗大石榴相赠。高不解其意,众人亦多不知,大臣魏收说:"石榴房中多子,王新婚,妃母欲子孙众多。"后世相沿,以石榴祝福多子成为习俗。民间婚嫁之时,常于新房案头或他处置切开部分果皮、露出浆果的石榴,亦有以石榴相赠祝吉者。

除以实物的形式出现外，石榴更多地见于纹图。民间的剪纸、年画中有之，文具、画稿、家具、什器等方面亦多见其纹图。以石榴为题材的吉祥图案很多，有的单绘石榴，如"榴开百子"，为切开一角、露出紫果的石榴的纹图。与其他物品组成的图案则更多，如"三多"，为佛手（或蝙蝠）、桃及石榴的纹图，亦称"华封三祝"。总之，大凡表达多子的意思，多取石榴以达意。

荔枝

荔枝为常绿果木，属无患子科。别名丹荔、离枝等。荔枝原产中国南部，以广东、广西、台湾、福建、四川、云南等地为多。荔枝树干高大，树姿雄伟，具有一定的观赏价值。晋人嵇康《南方草木状》云："荔枝树，高五六丈，如桂树，绿叶蓬蓬，冬夏荣茂。"

不过，荔枝的盛名，实因其果而得。《群芳谱》云：荔枝"五六月结实，状如初生松球，核如熟莲子，壳有皱纹如罗。生青熟红，肉淡白如肪玉，味甘多汁……性甘微热。止渴，益智，健气"。荔枝为江南名果，果中含有多量的糖分和适度的果酸，并有微量的蛋白质、脂肪、矿物质,更含有多种维生素,营养价值很高。故此,杨贵妃嗜食荔枝,杜牧以"一骑红尘妃子笑,无人知是荔枝来"(《过华清宫》)记其事。苏轼也说:"日啖荔枝三百颗,不辞长作岭南人。"(《惠州一绝》)

荔枝不易保存,"若离本枝,一日色变,二日香减,三日味变,四、五日外,色香味皆尽矣"(《花镜》)。又说荔枝不受虫害,"熟时,人未采,百虫不敢近;人才采摘,诸鸟蝙蝠之类,群然伤残"(《农政全书》)。其树长寿,"有经四百余年犹能结实者"(《农政全书》引《家桑通诀》)。因此,其树、其果皆被视作吉祥。

同时,荔枝还因谐音见于吉祥图案,用以祝吉达意。这种图案可区别为二,其一,荔枝谐音"利子""立子",单画荔枝的纹图便可达此情意,或与枣相配,表示"早立子"。其二,以"荔"谐"俐",如荔枝配葱、藕、菱的纹图,题"聪明伶俐";或菱、荔枝再加灵芝,题"伶俐不如痴",言菱和荔枝都为吉祥物,但不如灵芝珍贵,寓"聪明伶俐不如痴"的处世哲理。

橘

两千多年前,屈原作《橘颂》称颂橘树,以拟自己的质朴坚贞。屈大夫的《橘颂》叙写了橘的形质,歌咏了它的品格,无疑提高了橘的文化地位。与此同时,还有人从星相征兆的角度解说橘,赋橘以神性。《春秋运斗枢》曰:"旋星散为桔。"《广五行记》曰:"陈后主梦黄衣人围城,绕城橘树尽伐去之。及隋兵至,上下通服黄衣,未几为隋攻围之应"。

不过,关于橘,典籍记载而详为人知的,是它的另外两个故实。《周礼·考工记》曰:"橘踰淮而化为枳,……此地气然也。"这就是"橘化为枳"这一成语的来源,后用以比喻因环境不同而引起的变化。另一则故实见于《史记》、《汉书》的"货殖列传",说四川、湖南一带人家种橘千株,其富庶与千户侯相差无几。《农政全书》云:"夫桔,南方之珍果,味则可口,皮核愈疾,近升盘俎,远备方物。而种植之,获利又倍焉。其利世益人,故非可与他果同日语也。"这说的又是橘的实用价值。

作为吉祥物,橘与上述诸多当然有所联系,但更重要的则在于橘(也写作"桔")与"吉"字音的相近。民众谐音取义,以"橘"喻"吉",遂使橘成为吉祥嘉瑞。橘有多种,如红橘、绿橘、金橘、朱砂橘、四季橘等，民众分别取用，祝吉祈福。

金橘一名金柑，俗称"金弹子"，为名果，史载宋时只有皇后等人方能食之。同时，金橘又可制作盆景欣赏，尤其是在新春佳节置于案头，不仅可供珍赏，而且象征吉祥如意，预兆一年顺遂。故欧阳修《归田录》云："金橘……香清味美，置之樽俎间，光彩灼烁，如金弹丸，诚珍果也。"耶律楚材《赠蒲察元帅》诗之七有"品尝春色批金橘"句。

金橘之外，其他橘种也有吉祥寓意。民间俗信认为：金橘兆财；四季橘祝颂四季平安；朱砂红橘挂在床前，祈"吉星拱照"。胡朴安《中华全国风俗志》记载，浙江杭州人"元旦日，……签柏枝于柿饼，以大橘承之，谓之百事大吉"。明人田汝成《西湖游览志馀》对此早有记载，可知这种习俗至少传承了数百年。

此外，橘也被用作吉祥图案的题材，应用于画稿、什器等实用生活事物。有关图案有：大吉——大橘的纹图；事事大吉——柿子和大橘子在一起的纹图；百事大吉——百合合根（或柏树）、柿子及大橘子的纹图。

佛手

作为果实的佛手,俗称"佛手柑",是枸橼的变种。它的形体很有特点,状如人手,先端开裂,分散如手指,拳曲如手掌,故而称作"佛手"。佛手的色泽、香气甚佳,有一定的实用价值。《花镜》云:"其皮生绿、熟黄,色若橙而光泽,内肉白而无子,虽味短而香馥最久,置之室内笥中,其香不散。南人以此雕镂花鸟,作蜜煎果食甚佳。"

佛手形象奇特,可爱而神异,颇能打动人们信仰和审美的心理。它因名称、产地(原产印度)而在人们的观念中与佛陀联系了起来,佛手相助自然诸事顺遂、吉祥如意。吉祥图案"学仙学佛"为水仙和佛手的纹图,就是以佛手拟佛陀的。

佛手还因"佛"与"福"的谐音,被取作吉祥物,用以祝福、祈福。旧时有祝颂词"三多",指多福、多寿、多男子。三多亦称"华封三祝",事见《庄子·天地》:古圣主尧游览华地,那里的人说:"嘻!圣人,请祝圣人,使圣人寿!……使圣人富!……使圣人多男子!"后世以三种果品祝福"三多",这三种果品便是食之长寿的桃、籽多的石榴以及佛手。

二、植物篇

此外还有"三多九如"的吉祥图案,是佛手、桃及石榴再加九个如意的纹图。

枸杞

枸杞为茄科落叶灌木。它有许多别名,一类是从读音上衍生的,如枸檵、枸棘;一类则由其特点、功效命名,如地仙、地骨、却老、仙人杖、西王母杖等。

枸杞的枝干细而曲折,不堪作木材,也少用于柴薪;但历年经久,"其茎大而坚直者,可作杖"(《花镜》)。这杖便是仙人杖、西王母杖。黄庭坚《显圣寺枸杞》诗云:"养成九节杖,特献西王母。"苏轼《小圃枸杞》诗云:"仙人可许我,藉杖扶衰疾?"两诗均以"枸杞"入题,诗句中的"杖",无疑枸杞茎干之杖。

枸杞具有很高的药用价值,花、叶、根、实皆可入药,所谓"根茎与花实,收拾无弃物"(苏轼《小圃枸杞》诗)。《本草经》云:"服之坚筋骨,轻身耐老。"《群芳谱》亦云:"花叶根实并用,益精补气不足,悦颜色,坚筋骨,黑须发,耐寒暑,明目安神,轻身不老。"枸杞"地仙""地骨""却老"等别名,大约就是由此着眼而来的。古人认为枸杞

133

有"阴兴阳起"的功效,现代科学测定枸杞含有的枸杞碱,是一种强壮剂。人们以枸杞干果入药、熬膏、酿酒,有助滋补,治高血压、糖尿病;枸杞叶晒干,可代茶饮。刘禹锡诗曰:"品一枝甘露味,还知一勺可延龄。"(《楚州开元寺北院枸杞临井繁茂可观群贤赋诗因以继和》)

却老延龄的枸杞,人们向来视作延年益寿的吉祥物。旧时,常"杞菊"并称,寿诗、寿联、寿幛中常可见此类词语,又有"杞菊延年"的吉祥图案。杞、菊幼苗皆可蔬食,唐陆龟蒙《杞菊赋序》云:"天随子宅荒,少墙屋,多隙地,著图书所前后,皆树以杞菊,春苗恣肥,日得以采撷之,以供左右盂案。"又明高濂《遵生八笺》有"枸杞茶",也有疗效,其炮制法:"于深秋摘红熟枸杞子,同干面拌和成剂,擀作饼样,晒干,研为细末。每江茶一两,枸杞子末二两,同和匀,入炼化酥油三两,或香油亦可。旋添汤搅成膏子,用盐少许,入锅煎熟饮之,甚有益及明目。"

梅

梅是蔷薇科落叶果木,果实有一定实用价值,不仅可以生食,亦可制成皮梅、话梅、梅干等多种蜜饯,还有收敛止痢、

二、植物篇

解热镇咳之用。不过，梅在中国的四千年栽培史上，均以观赏价值为重；其文化意蕴，也多由此而生。

梅有极高的观赏价值，古今文人雅士喜欢栽种，或作盆景，或作庭木。《花镜》云："梅为天下尤物，无论智愚、贤不肖，莫不慕其香韵而称其清高。古名园名刹，取横斜疏瘦与老干枯株，以为点缀。"尤其是文人，栽植、谱录、吟咏、图绘，代不乏人，有的甚至可谓如醉如痴。

单只宋代，就有两位文人爱梅如痴，一个宋伯仁，一个林和靖。宋伯仁是画家，著有《梅花喜神谱》二卷，共写梅花百图，神态不同，都有标目，又各缀以五言绝句一首。林逋人号和靖先生，诗人，不娶、无子，所居多植梅、畜鹤，人称"梅妻鹤子"。正为其如痴之爱，林逋写下了咏梅的千古绝唱《山园梅》，其中"疏影横斜水清浅，暗香浮动月黄昏"句，被人指为最得梅花神韵。

古人赏梅，注重的正是其"横斜疏瘦与老枝奇怪"的"韵"与"格"。旧称梅有"四贵"："贵稀不贵密，贵老不贵嫩，贵瘦不贵肥，贵含不贵开"（或以"贵斜不贵正"代"贵稀不贵密"）。清人龚自珍称盆梅"以曲为美，直则无姿；以欹为美，正则无景；以疏为美，密则无态"。晚近我国的十大名花评选中，梅冠群芳之首，许多人主张定梅为国花。

135

《花镜》称梅为"天下尤物",又有谓梅"琼肌玉骨,物外佳人,群芳领袖"。故梅常被比作美人,或多与妇女关联。吉祥图案有"竹梅双喜",为竹、梅和两只喜鹊的纹图,竹喻夫、梅喻妻,用以祝贺新婚。古时又有"梅花妆",为额头点五瓣梅花的粉妆。据《宋书》(《太平御览》引)载:"(南朝宋)武帝女寿阳公主,人日卧于含章殿檐下,梅花落公主额上,成五出之花,拂之不去,皇后留之,自后有梅花妆。"又苏州妇女旧时穿"小梅桩"鞋,花样由芙蓉、茉莉花和盛开及含苞待放的梅花组成,梅谐"妹"音,吴语称未婚女子为"小妹",小梅桩鞋有祝小妹健康成长的寓意。

梅在冬春之交开花,"独先天下而春",有"报春花"之称。据传,有一年冬天,宋神宗问鸿儒叶涛:"木公木母何如?"叶答:"木公正傲岁,木母正含春。"此处木公、木母皆为折字,前指松,后指梅。宋陈亮《梅花》诗云:"一朵忽先报,百花背后香。欲传春消息,不怕雪里藏。"梅花这种"凌寒独自开"的品格,向来为人所称颂。旧有"五清图",为松、竹、梅、月、水的纹图,都为清莹晶洁者。

同时,寒梅报春,又有吉祥喜庆的意义,故而春联中多写到梅,如:

二、植物篇

春夏秋冬春为首；
梅李桃杏梅占先。

辞旧岁劲松染霜松更绿；
迎新春寒梅映雪梅更红。

　　喜鹊在梅枝上高鸣的纹图称"喜报早春"、"喜报春先"。还有"新韶如意，为插着梅花、山茶、松枝的花瓶和灵芝、百合、柿的纹图。"此类图案应用极广，画稿、家具、什器、建筑中均可见到。

　　关于梅的品格，旧时又有"四德"之说："梅具四德，初生蕊为元，开花如亨，结子为利，成熟为贞。"又说梅五瓣，象征五福，即快乐、幸运、长寿、顺利与太平。旧时春联有"梅开五福，竹报三多"。这些，都为梅增添了吉祥寓意。

莲（荷）

　　莲为睡莲科水生宿根植物，别名极多，诸如荷、水芙蓉、芙蓉、菡萏、水华、水旦、水芸、水芝丹等，其中常用的为莲、荷、菡萏等。不仅全株，莲的每个部分都有各自的称谓，《花镜》谓"其蕊曰菡萏，结实曰莲房，子曰莲子，叶曰荷，其根曰藕……

莲子曰菂，菂中曰薏"。在古诗词中，这些称谓都曾咏及。人们泛泛而言的莲花、荷花，则不仅指花朵，也指植物全株。

莲花在我国有着悠久的栽培历史，早在公元前6世纪的《诗经》中就有记载。莲的实用价值极高，全身是宝。藕、莲子除供食用外，还可供药用。藕能补中益气，莲子有清心、除烦躁、降血压的功能。莲花亦能入药，捣敷肿毒。莲叶可解热、强壮、解毒、止血，并可治疗神经衰弱。李时珍《本草纲目》总结说："医家取为服食，百病可却。"

不过，在我国数千年的栽培史中，除实用价值外，以莲花为中心还凝结了一个小小的文化丛。概括来说，可分作圣、俗两个方面，即佛教的以莲为譬，世俗社会的观赏与象征。从另一种角度来说，则可分作美学领域的观赏与信仰领域的譬喻、象征。莲花的吉祥意义，正是从这些方面发展而来的。

佛教与莲花有着极其密切的关系。据说佛教创始人释迦牟尼在其家乡盛植莲花，且有多种，色有青、黄、红、白等。释迦牟尼与其弟子便以莲花为喻，用来解释佛教，所谓"释氏用为引譬，妙理俱存"（《本草纲目》）。佛教主要取白莲花，梵名曰"芬陀利"者。所谓"弥陀（佛）之净土，以莲花为所居"指称佛国，并喻之为"莲花藏界"，简称"莲界"。佛经称"莲经"，佛座称"莲台""莲座"，佛寺称"莲宇"，僧人所居称"莲房",袈裟称"莲花衣",莲花形的佛龛称"莲龛"。佛教又有所谓"莲花三喻",以"为莲故华""华开现莲""华落莲成"比喻其发展和兴盛。因此,莲花图案便成为佛教的一种标志,举凡有关佛教的偶像、器物、建筑,都以此为装饰。随着佛教的传播和流行,莲花图案也见于世俗世界,比如古代墓葬中就有缠枝莲花等纹图。

在我国,赏莲、采莲是人们传统的爱好与习俗。莲不仅花可赏,其"根、茎、花、实,凡品难同;清净济用,群美兼得"(《本草纲目》)。古人称莲花为"花中君子",《群芳谱》云:"凡物先华而后实,独此华实齐生。百节疏通,万窍玲珑,亭亭物华,出于淤泥而不染,花中之君子也。"当然,对莲之姿容、品德概括最为当行出色的,是周敦颐的《爱莲说》:

水陆草木之花,可爱者甚蕃。晋陶渊明独爱菊。自李唐来,世人甚爱牡丹。予独爱莲之出淤泥而不染,濯清涟而不妖,中通外直,不蔓不枝,香远益清,亭亭净植,可远观而不可亵玩焉。

予谓菊,花之隐逸者也;牡丹,花之富贵者也;莲,花之君子者也。噫!菊之爱,陶后鲜有闻。莲之爱,同予者何人?牡丹之爱,宜乎众矣!

自古及今,人们无不爱赏莲花,除夏日莲池清赏、秋听雨打残荷外,仿莲花形及绘莲花纹样的物件比比皆是。以莲花构成的吉祥图案,最主要的有:

花中君子——莲花的纹图,国画中常有之。

一品清廉——一茎莲花的纹图,见于画稿、什器、文具等。以莲之高洁喻为官之清廉,又"青莲"与"清廉"音同。

本固枝荣——莲花丛生的纹图。莲是盘根植物,且枝、叶、花茂盛,绘莲花丛生纹图,示"本固枝荣"之意,以祝世代绵延、家道昌盛。

连生贵子——莲花与莲子(俗称莲蓬)的纹图。莲与别的植物不同,花和果实同时生长,所谓"华实齐生",故莲子寓"贵子""早生贵子"之意。

因何得耦——花、莲蓬及藕组合而成的纹图。"因何得耦(偶)"是祝贺新婚、姻缘的吉语。这种纹图见于画稿、什器、衣料以及各种装饰品。莲根为藕,《本草纲目》云:"夫藕生卑污,而洁白自若;质柔而实坚,居下而有节。孔窍玲珑,丝轮内隐,生于嫩蒻,而发为茎叶花实;又复生芽,以续生生之脉。四时可食，令人心欢，可谓灵根矣。"因而，莲藕除了寓含夫妇之偶以及生子不息的意思，还是聪明透亮的象征。旧时莲藕配以葱、菱、荔枝的纹图，题"聪明伶俐"。

并蒂同心——两朵莲花生于一藕的纹图。莲有并蒂、并头者，一蒂两花，为男女好合、夫妻恩爱的象征。喜联中常以此入对，如："比翼鸟永栖常青树，并蒂花久开勤俭家"；"红妆带绾同心结，碧沼花开并蒂莲"。又，莲藕有窍相通，示通气，言"同心"。

莲花别称荷花，故吉祥图案中又以"荷"谐"和"或"河"。如"和合"，为荷花与盒子的纹图；"河清海晏"，为荷花、海棠、燕子的纹图。

值得一提的是，我国旧时还有"观莲节"。时在农历六月二十四，俗谓此日为荷花生日，二其时正是荷花的盛花期。届期，人们云集观莲赏荷，蔚为风雅。

芙蓉

莲花一名芙蓉，因水生而称"水芙蓉"。同时又有木芙蓉，俗称"木莲"，又称地芙蓉、山芙蓉、文官、拒霜。芙蓉花入秋发蕾，秋末冬初开花，霜降时节最盛，其花艳美，有大红、粉红、桃红、白、黄诸色。

芙蓉原产中国，栽培历史悠久，尤以四川为最。五代蜀后主孟昶在宫苑城头遍植芙蓉，花开如锦，故后人称成都为锦城、锦官城、蓉城、芙蓉城。又有"芙蓉江"，为温州瓯江的别名，也因栽植芙蓉特盛而名。清人劳大兴《瓯江逸志》云："温州芙蓉，高与梧桐等，八月杪即放花，九月特盛，遍地有之。……最妙者为醉芙蓉，晨起白色，午后淡红，晚则变为深红，其树宛若梧桐，殊堪赏玩。瓯江又名芙蓉江，盖谓此也。"

芙蓉八、九月间开花，耐寒不凋，故名"拒霜"。苏东坡《和述古拒霜花》别开机杼，赞道："千林扫作一番黄，只有芙蓉独自芳。唤作拒霜知未称，看来却是最宜霜。"芙蓉花"群芳落尽独自芳"（宋王安石《拒霜花》诗），不仅"堪与菊花称晚节"（明吴孔嘉《木芙蓉》诗），而且谢于秋菊之后，因此古人颇为芙蓉而感不平，叹道："谁道金风能肃物，因何厚薄不相侔？"并说"陶菊香浓亦合羞"（宋刘兼《木芙蓉》）。有人哀怜芙蓉的寂寞，但更多人赞其拒霜绽花，火红烂漫，"唤回春色秋光里"（宋杨万里《拒霜花》）。宋代孝宗《书刁光允木芙蓉》赞道："托根不与鞠为双，历尽霜风未肯降。本自无心那有怨，年年清艳照秋江。"

芙蓉花凌霜斗妍，灿烂绚丽，其本身就是欣欣向荣的生命力的写照；同时，芙蓉之"蓉"与荣华之"荣"谐音，故被用作荣华勃发的象征。旧时吉祥图案表达"荣华"的主题，都以芙蓉花为题材，如：

荣华富贵——芙蓉花与牡丹的纹图。
一路荣华——芙蓉花与鹭鸶的纹图。
富贵荣华到白头——芙蓉配以牡丹、白头翁的纹图。

这些图案用于画稿、衣料、什器、文具等。又有"夫贵妻荣"图，为芙蓉花和桂花的纹图，用于画稿、什器衣料，尤以妇人用品为多。

兰

兰是兰属植物的总称，实际上有花、草、木之分，一为兰花，一为兰草，一为木兰。这里所说，主要指前两种（木兰见后）。兰草、兰花又有许多品种，宋赵时庚《金漳兰谱》列22品，王贵学《兰谱》列50品。不过，在一般民众的心目中，这种差别并不看得那么重要，而是笼统地视兰为吉祥植物。

兰花是我国传统名贵花卉之一，已有两千多年的栽培历史。《周易》曰："同心之言，其臭如兰。"《楚辞》更多以兰喻君子高洁的品质。由于兰花叶态优美，花朵清雅芳香，花质素洁，自古就深受人们的喜爱。

兰之受人喜爱，首在其香。兰有"王者香""香祖"之称。据《孔子家语》记载，孔子自卫返鲁，见幽谷之中兰香独茂，喟然叹曰："兰当为王者。"故后人称兰为"王者香"，《幼学故事琼林》有"兰为王者之香，菊同隐逸之士"之句。《群芳谱》云："江南以兰为'香祖'，又云兰无偶，称为'第一香'。"

兰花之香"幽香清远，馥郁袭衣，弥旬不歇"（《群芳谱》），因此，古人常以兰总香、以兰代香，进而赋予其华美、绚烂的意思。此类冠以"兰"的文辞很多，诸如：

兰房：兰香氤氲的精舍，特指妇女所居之室。

兰室：芳香高雅的居室。

兰汤：有香味的水。

兰时：美好的时光，指春日。

兰讯：对他人书信的美称。

兰章：华美的文辞，用于赞美他人的诗文或书札。

兰藻：比喻文辞如兰之芳、如藻之美。

兰襟：华美的服饰。

不只如此，喜好连类比德的人们，还将兰的品质推而及人，与人的品格以及人伦规范联系，从而浸染伦理道德色彩，用以比喻、指代人品及社会人伦关系，此类冠以"兰"的词汇诸如：

兰石：兰芳石坚，喻人资质之美。

兰芝：喻高风美德。

兰心惠性：喻妇女幽静高雅的品格。

兰言：心意相合的言论。

兰味：喻意气相投

兰交：指知心朋友。

此外还有"兰兆""兰梦"，更是奇异。据《左传·宣公三年》记载，郑文公有个叫燕姞的贱妾，梦见天使给她兰花，后来生了穆公，取名为兰，"兰梦"即由此而来。后又由此衍出"兰兆"，指怀孕生男的吉兆。

兰因其香而代指优美的资质，人们又希望子孙禀赋如兰之质，故而兰又与桂一起转指子孙。东晋谢安比子侄为芝兰，五代窦禹钧的五个儿子被称为"五桂"，由此后世称子孙为为兰桂。骈语有："父母并存，谓之椿萱并茂；子孙发达，谓之兰桂腾芳。""桂子兰孙，为家之室。"《红楼梦》里，李纨子名兰，宝玉子名桂，后都高中科名，兰桂齐芳，家道复初；结合贾府的中衰来看，颇耐人寻味，这意趣便要从传统的民族象征体系和吉祥观念中寻绎。

兰不仅香气馥郁，还能逐蠹虫、辟不祥。先秦时代，郑国有秉兰辟邪习俗，"三月男女秉蕑（即兰草）于水际，以自祓除"（晋陆机《毛诗草木鸟兽虫鱼疏》）。《离骚》言兰草绿叶、紫茎、素枝，可纫、可佩、可藉、可膏、可浴；《西京杂记》载，汉时池苑种兰以降神，或杂粉藏衣裳书籍中驱辟蠹虫；唐时江南人家多种兰，夏月采置发中，头不生屑……

以兰为题材构成的吉祥图案很多，应用极广，诸如"五瑞图""君子之交""兰桂齐芳"等。现代工艺品以兰为图案的也极多，比如信笺、信封的图案，兰花的国画、铁花；四枚一套的兰花邮票，更是海内外集邮爱好者的珍品。

玉兰（木兰附）

玉兰系木兰科落叶乔木，别称白玉兰、望春树、望春花。玉兰在我国的栽培历史已经有 2500 年之久，屈原作品中已有记述。不过，在唐以前，玉兰和木兰没有严格的区别，统称它们为木兰。唐以后，玉兰得到广泛的栽培。玉兰花形似荷花，香味似兰，故名。

玉兰树干高大，可达 15 米，呈灰褐色，枝条稀疏而粗壮。《花镜》云：玉兰"树高大而坚，……绝无柔条。隆冬结蕾，一干一花，皆着木末，必俟花落后，叶从蒂中抽出"。玉兰枝干遒劲，身躯伟岸，在吐叶前便开花，晶莹清丽，犹如玉树在雪山排空而出，气势壮观。这种气势、风格很为古人所称道，括而概之为"玉树临风"。

玉树本为传说中的仙树，又指白雪覆盖之树，后用以比喻姿貌秀美、才干优异的人。《晋书·谢玄传》载：谢玄与从兄谢朗，俱为叔叔谢安所器重，谢安尝戒约子侄："汝等何豫人？"诸子莫言，谢玄曰："譬如芝兰玉树，欲使其生于庭阶耳。"后世遂将芝兰玉树作为人才之美喻。

玉兰花的纹图，题曰"玉树临风"，应用于画稿、什器、文具、建筑等。又有"玉堂富贵"，为玉兰花配以海棠、牡丹的纹图。其中玉兰、海堂谐音"玉堂"。"玉堂"之意颇丰，诸如仙人所居、宫殿等，此处为翰林官署的雅称，又泛指富贵人家的宅邸。旧时，苏州新娘婚礼时穿"玉堂富贵"鞋，花样由玉兰、海棠、芙蓉、桂花等组成，为祝福之瑞。

本兰又称木笔、紫玉兰、辛夷、娜花等，为丛生灌木或落叶小乔木。其花蕾名辛夷，能散风寒、通鼻窍，所谓"巧资妙医"。木兰含苞待放时，宛似巨笔，尖直挺秀，直指蓝田白云，故名"木笔"。明人张新《木笔花》诗云："梦中曾见笔生花，锦字还将气象夸。谁信花中原有笔，毫端方欲吐春霞。"木笔之"笔"与必定之"必"同韵异声，近音相谐，故玉兰花傍以寿石的纹图题"必得其寿"，用于画稿、什器、文具等。

牡丹

牡丹是我国土生土长的观赏花木，原产我国北部，秦岭和陕北山地尚多野生。牡丹系毛茛科灌木，又有"鹿韭""鼠姑""百两金""花王""富贵花"之称。品种繁多，《花镜》载有131种，《群芳谱》载有180余种，明薛凤翔《亳州牡丹表》竟列出269种，分神品、名品、灵品、逸品、能品、具品六类，极尽牡丹之品类。不过，古人认为牡丹中品位最高的还是黄、紫两色，所谓"姚黄魏紫，牡丹颜色得人怜"（《幼学故事琼林》）。

在我国，牡丹栽培历史悠久，《神农本草》即有记载，至唐、宋时，朝野士庶栽植、观赏之风最盛，遂成大观。

唐代无疑是牡丹的"盛花期"，《群芳谱》云："唐开元中，天下太平，牡丹始盛于长安。"据《唐诗纪事》记载，太和年间，有一次唐玄宗在内殿观赏牡丹时，问及咏牡丹之诗何者为首，陈修己以李正封之诗"国色朝酣酒，天香夜染衣"上奏，缘此，后世牡丹便有"国色天香"之号。此外，唐皮日休又有诗咏牡丹："落尽残红始吐芳，佳名唤作百花王。""百花王"之称始于此时，因之于牡丹花朵硕大艳丽，冠绝群芳。李时珍《本草纲目》沿用此说："群花品中，以牡丹第一，芍药第二，故世谓牡丹为花王。"

到了宋代，洛阳牡丹被推为天下之冠，牡丹遂有"洛阳花"之称。当时，莳艺、赏赞、歌咏牡丹之风最盛，至花期，往往倾城倾国，观花赋诗，蔚为壮观。邵伯温《闻见前录》云："于花盛处作环围，四方使艺举集。都人士女载酒争出，择园亭胜地上下池台间，引满歌呼，不复问其主人。抵暮游花市，以筠笼买花，虽贫者亦载花饮酒相乐。"欧阳修《洛阳牡丹记》亦云:"洛阳之俗大抵好花,春时,城中无贵贱皆插花,虽负担者亦然。花开时,士庶竞为游遨,往往于古寺废宅有池台处为市井,张幄帘,笙歌之声相闻。"宋时,周敦颐《爱莲说》有"牡丹,花之富贵者也"句,牡丹又有了"富贵花"之名。

牡丹以其独特姿质能激发人们的审美热情,也自然渐渐植根到人们的观念意识中,成为吉祥象征物。如果说,"国色天香"之雅号还在于说明其审美特性,那么就可以说,"花王""富贵花"所寄寓的则更多是超越审美领域的意义,反映着人们企盼、祝颂既富且贵的意愿。文人雅士以其名书斋、号园囿,如宋人周必大有"天香堂",明人周王有"国色园";妇人们则簪插鬓边,史载唐时妇女簪牡丹于发髻,尽显妩媚与富丽。

既然牡丹既具审美价值,又有吉祥寓意,那也就必然成为传统吉祥图案的重要题材,比如"官居一品""国色天香",就是牡丹的纹图。此外还有:

富贵长春——牡丹和长春花(或白头鸟)的纹图。
长命富贵——寿石、牡丹和桃花的纹图。
神仙富贵——牡丹、水仙的纹图。

二、植物篇

花开富贵——瓶中插牡丹等的纹图

十全富贵——牡丹配以十个古钱的纹图。

这些图案应用于画稿、衣料、家具、什器、建筑等,极其广泛。

月季

月季为蔷薇科直立灌木。其花数朵集成一束,花梗细长。花瓣有单、重二种,重瓣多可达 80 片左右,有红、紫、白、粉红、黄、绿等色。月季花期特长,由此而获得了许多别名。《广群芳谱》称:因其四季不断开花,称"长春花"。(另有金盏花,亦称"长春花"。)《群芳谱》云:"(月季)一名长春花,一名月月红,一名斗雪红,一名胜春,一名瘦客。灌生,处处皆有,人家多栽插之……(其花)逐月一开,四时不绝。"《花镜》亦云:"月季一名斗雪红,一名胜春,俗名月月红,……四季开花。"其实,月季并非月月开花,而是花期从四月到十二月,延续 240 天之久。

古人对月季花多有吟咏,宋杨万里《月季花》诗称:"只道花无百日红,此花无日不春风。"明张新《月季花》诗谓:

"一番花信一番新,半属东风半属尘。惟有此花开不厌,一年四季长占春。"又宋赵师侠《朝中措·月季》词云:

开随律琯度芳辰,鲜艳见天真。不比浮花浪蕊,天教月月常新。　蔷薇颜色,玫瑰态度,宝相精神。休数岁时月季,仙家栏槛常春。

此词不仅写到月季的仪态习性,也揭示了其品格,比拟了其精神。

月季原产中国,已有二千余年的栽培史。由于四季长开,故特别受人爱戴、宝重。据传,18世纪80年代左右,月季经印度传入欧洲,当时正值英法交战,为使中国传入的名贵月季安全地由英赴法,双方曾商定停战,重兵护送。迄今,英国人亦奉月季为国花。

我国民众亦十分喜爱月季,北京、天津、常州等市都把月季定为市花。在民俗信仰中,月季因四季开花而被视作祥瑞,新春、婚礼及寿诞祝吉语"四季平安""万代长春"便隐含月季花名。至于相关图案,多用月季为题材,一则象征四季,一则象征长春,诸如:

二、植物篇

四季平安——花瓶中插月季花的纹图。

天地长春——天竹、南瓜和月季花的纹图。

长春白头——白头翁栖息寿石旁边月季上的纹图。

万代长春——葫芦和长春花或者卍字锦上散布月季花的纹图。

水仙

水仙属石蒜科,为多年生的草本植物。"因其性喜水,故名水仙"(《花镜》)。王世懋《花疏》云:"其物得水则不枯,故曰水仙,称其名矣。"

水仙有单瓣(单叶)、千瓣(千叶)之分。单叶水仙又称"金盏银台",宋杨万里《千叶水仙花》诗序云:"世以水仙为金盏银台,盖单叶者其中有一金盏,深黄而金色。"千叶水仙花皮卷皱密蹙,下轻黄而上淡白,又名"玉玲珑"。

水仙花又有"女史花""姚女花"之称,其名来自优美的古代传说。道书《内观日疏》载:"姚姥住长离桥,十一月夜半大寒,梦观星坠于地,化为水仙花一丛,甚香美。摘食之,觉而产一女。长而令淑有文,因以为名焉。观星即女史,在天柱下,故迄今水仙花名'女史花',又名'姚女花'。"

相传水仙为水中仙子所化,高洁脱尘,甚受世人爱重。宋代以前,有关水仙的记载尚少;至宋,赋咏渐多。宋高似孙有《水仙花前赋》,其序将水仙花直比仙人雅士,其辞云:"水仙花非花也,幽楚窈眇,脱去埃滓,全如近湘君、湘夫人、离骚大夫与宋玉诸人。"而关于水仙为仙人的情状,也有文字讲得有根有据、惟妙惟肖。唐薛用弱《集异记》载:

> 薛榛,河东人。幼时于窗棂内见一女子,素服珠履,独步中庭,叹曰:"良人游学,艰于会面,对此风景,能无怅然。"于袖中出画兰卷子,对之微笑,复泪下吟诗,其音细亮。闻有人声,遂隐于水仙花中。忽一男子,从丛兰中出曰:"娘子久离,必应相念,阻于跬步,不啻万里。"亦歌诗一篇,歌已仍入丛兰中。榛苦心强记,惊讶久之,自此文藻异常,一时传诵,谓二花为夫妇花。

百花春夏竞放,隆冬只有腊梅、水仙数种。因而,水仙常为新年的案头清供。其花质姿洁丽、馨香清绝,又值除旧布新的新春佳节盛开,甚为世人赏爱。至今,广东、福建尚有水仙迎春的风习。当阖家团圆、共尝年夜饭的时候,清雅的水仙花悄然开放,仿佛带来了明丽的春光。缘此,人们以为水仙有辟邪除秽、给人间带来吉祥如意的神奇力量。

此外,水仙之"仙"与神仙、仙境之"仙"同音同形,甚为吉利,常被用来祝吉利、讨口彩。在吉祥图案中,寿石和数株水仙的纹图称"群仙拱寿";花瓶和水仙表示"仙壶",仙壶即方壶、蓬壶、瀛壶,为仙人所居之处。

百合

百合系多年生草本植物,是一种球根花卉。又名重箱、摩罗、强瞿、中逢花。其花呈喇叭状,有白、红、黄诸色。球根如蒜,可以食用,具有较高药用价值,为滋补上品。《农政全书》对此介绍颇详:"(百合)开淡黄白花,如石榴嘴而大,四重向下,覆长蕊;花心有檀色,每一棵须五六花。子紫色,圆如梧桐子,生于枝叶间。……根白色,形如松子壳,四面攒生,中间出苗;又如胡蒜,重叠生二三十瓣。……采根煮熟食之,甚益人气。又云:蒸过,与蜜食;或为粉,尤佳。"

百合花花姿绰约,色彩艳丽,香气袭人,姿色香俱佳。又,其花多盛开于夏日群芳敛艳之时,甚为可观。"百合"之名本身就颇吉祥,而百合之"百"与数目之"百"同音同形,故常人们取以为用。吉祥图案主题中的"百",多借百合寓意。

155

如"百事如意",为百合花(或百合根)与柿和灵芝的纹图。此种图案常见于画稿、织物、建筑、家具外,亦多见于诞生和嫁娶喜事。此外如:百合根与柿子及大橘子的纹图,题"百事大吉";百合花与荷花、万年青的纹图,题"百年和合";两个百合球根与万年青的纹图,称"和合万年"。

山茶花

山茶花为常绿灌木或小乔木,又名茶花、耐冬、海榴、玉茗花、绛雪罗等。《花镜》云:"山茶一名曼陀罗。……叶似木樨,阔厚而尖长,面深绿光滑,背浅绿,经冬不凋。以叶类茶,故得茶名。"山茶花树姿优美,枝叶繁密,终年常青,花朵硕大,色彩明丽,是著名的观赏植物。

古人称山茶花有十大优点,(见云南《陆良县志稿》,明谢肇淛《滇略》记云:

> 滇中茶花甲于天下,……其品七十有二,冬春之交,霰雪纷积而繁英艳质,照耀庭除,不可正视,信尤物也。豫章邓渼称其有十德焉:艳而不妖,一也;寿经二三百年,二也;枝干高疏,大可合抱,三也;肤纹苍黯,若古云气尊罍,

四也；枝条夭矫似麈尾龙形，五也；蟠根轮囷，可几可枕，六也；丰叶如幄，森沉蒙茂，七也；性耐霜雪，四序常青，八也；自开至落可历数月，九也；折入瓶中，旬日颜色不变，半含亦能自开，十也。

概括山茶"十德"的邓渼，是明代江西人，曾任云南巡按，必有切实观感，且"为诗一百韵赏之"，所言应属信而有据。云南《陆良县志稿》所记"十德"，与上引大同小异，当是脱胎于邓渼之语。

在中国传统文化之中，山茶花常用来表示春意，寓意生机勃勃、葱郁长青。这来自于它耐冬、常青、报春的特性。古诗文对此多所记述、歌咏。唐温庭筠《海榴》诗谓："海榴开似火，先解报春风。"宋梅尧臣《山茶花树子赠孝延老》称："南国有嘉树，华若赤玉杯。曾无冬春改，常冒霰雪开。"说得最贴切的，当属宋人曾巩《山茶花》诗："山茶花开春未归，春归正值花盛时。"吉祥图案有"春光长寿"，也是取山茶花以喻春意（与其配合的绶鸟喻长寿），除用于画稿、衣料、家具、什器外，亦可用于祝寿。

万年青

万年青，一名千年蒀，多年生常绿草本植物。叶片肥大，由地下丛生，色深绿，经冬不凋。春季开花，花葶自叶丛中抽出，顶为穗状花序，密集数十朵小花。结实圆如球形，成熟后色彤红。万年青的观赏价值较高，尤其是秋天结果后，几片厚叶捧出一垒嫩果，果实鲜红，阔叶碧绿，鲜润艳丽，对比分明，素雅可观。

民间视万年青为吉祥之物，多有栽植。喜庆节日，供于案头，寓意颇丰。《花镜》云："吴中人家多用之，造屋易居，行聘治圹，小儿初生，一切喜事，无不用之，以为祥瑞口号。至于结姻礼聘，虽不取生者，亦必剪造绫绢，肖其形以代之。"由此可知，万年青适用于许多场合，盖房搬家用以寓顺遂，娶媳嫁女用以寓如意，生子寿诞用以祝福健康长寿，丧葬礼仪用以歌颂永垂不朽。除用实物之外，也用绫绢剪裁、结扎。

此外，万年青还常长见于吉祥图绘。盆植万年青，迄今仍是国画多见的画面，无论挂于私宅还是公厅，都平添一派生机。日用品如脸盆、桌围等，亦多见这种画面。传统吉祥图案则如：

二、植物篇

万事如意——盆中植万年青和灵芝的纹图,应用于画稿、建筑、衣料、什器上,尤以结婚用具为多。

和合万年——两个百合根(或百合根与葫芦)及万年青的纹图。

万象更新——大象驮着一盆万年青的纹图。

桶中种植万年青的纹图,题为"一统万年",多见于封建时代的皇家用品;同类的还有"天子万年",为天竺和万年青的纹图。

吉祥草

吉祥草似乎较少为人所知,但其名"吉祥",自然不会被人们"放过"。吉祥草为百合科多年生常绿草本植物,一名玉带草、瑞草、观音草、松寿兰。它"色长青,茎嫩柔,叶青绿色,花紫蓓,结小红子,然不易开花"(《群芳谱》)。它的实用及观赏价值都很高,铺植绿地,生长迅速,能较快覆盖地面,在林下空间栽植,不久便成绿茵一片,配以淡紫花、火红果,很为美观。同时,吉祥草"亦可登盆,用以伴孤石灵芝,清雅之甚,堪作书窗佳玩"(同上),为清供第一,盆景中的上品。

吉祥草取名吉祥，民间又认为它开花是将有喜庆降临的预兆。《花镜》称"花不易发，开则主喜"；《群芳谱》亦曰："或云开则有赦，一云开花则家有喜庆事。"正因其预兆喜事的功用以及好听的名称，吉祥草多被人们栽植，以求喜事临门、福禄双至。

又，佛经传说释迦牟尼成道时，吉祥童子所奉的草称吉祥草，又称吉祥茅、牺牲草。《水经注》云："菩萨前到贝多树下，敷吉祥草，东向而坐。"

灵芝

用现代植物学的眼光来看，芝本是灵芝科多年生草本隐花植物。不过，中国古人视其为神物，有灵芝、瑞芝、仙芝、神芝之称，并演绎出许多神仙传说，寄予其丰厚的吉祥寓意。

芝，古时本写作"之"，篆文作"屮"——是模拟草生地上的象形字，后来加"艸"字头，与语助词"之"加以区别。芝被神化，始于道家术士之辈，时间当在秦汉。魏晋六朝时，其风犹炽。晋葛洪《抱朴子》是典型的神仙家著作，其中有"仙药"一篇，详述芝的种类及其神奇无上的功效。另一部神仙家著作《神仙传》，亦是如此。它功效奇异，不仅能使

二、植物篇

人生翼乘云、轻身避水、长生不死，还能起死回生。道家术士的这些仙话说教，在国人的观念意识中留下了深刻的烙印，芝也便成为突出的吉祥物。

根据古时的吉凶休咎观念来看，作为神异的自然物，必然与人事的昌达关联，灵芝的出现也就必然预兆政清民和、河清海晏。《神农本草经》云："王者仁慈，则芝草生玉茎紫笋。"又云："圣人休祥，有五色神芝含秀而吐荣。"《瑞应图》云："芝英者，王者德仁则生。"史籍还记载了这样的故实：宋真宗耻于同契丹结盟澶渊，采纳王若钦之言，意图用神学政治来抵御外患、粉饰太平、镇服四海，因而除伪造天书降临，又伪造芝草，想用"芝草生"的瑞应休征来堵百姓的嘴、捆百姓的手，结果一时间献芝的人由十而百，由千而万，鱼目混珠，变成了一场闹剧。

灵芝是神奇瑞应之草，又是与兰齐名的香草，因而，芝兰合称，常用来比喻君子之交。宋罗愿《尔雅翼》云："芝，古以为香草，大夫之挚芝兰。"孔子亦云："与善者居，如入芝兰之室，久而不闻其香，则与之化矣。"（《孔子家语·六本》）吉祥图案中的"君子之交"，就是灵芝和兰花的纹图，广泛地应用于画稿、家具、建筑、文具、什器、衣料等实物。

灵芝的神瑞，还在于传说中它有使人驻颜不老、返老回春的奇效。可以说，灵芝的休征是"王者"的专利品，并不为老百姓所关心，但它驻颜、回春的奇效，则对朝野士庶都有吸引力。正因如此，灵芝作为吉祥物，它的主要寓意在于祝福，祈愿健康长寿。它常被取作祝寿的题材，或嵌于寿联，或吟入寿辞，或绘于寿画。图绘灵芝、水仙、竹和寿石的纹样，或天竹、水仙、寿石（或桃子）、灵芝的纹样，称"芝仙祝寿""天仙寿芝"，都可以用来贺寿。

有趣的是，灵芝还在看似截然相反的情形下被寄予吉祥寓意。传统吉祥图案中有"伶俐不如痴""聪明伶俐不如痴"，是菱、荔枝和灵芝（或再加葱）的纹图。这里的灵芝之"芝"与"痴"音近，谐音取义。祝愿别人或希望自己痴，似乎都不是合逻辑的。然而实际上，这里以灵芝寓意"痴"，跟以之祝福健康长寿，价值取向完全一致。这里的"聪明伶俐不如痴"，与传统命名的"贱名法"（比如取名"狗剩""二憨"）如出一辙，不同程度地反映了国人内敛的性格和思维逻辑。

艾

艾与蒿一样，是极普通的多年生草本植物。《本草纲目》述其生态、状貌云："此草多生山原。二月宿根生苗成丛，其茎直生,白色,高四五尺。其叶四布,状如蒿,分为五尖,桠上复有小尖,面青背白,有茸而柔厚。……霜后始枯。"不过,在我国传统乃至当代社会,这种普通植物却有比较丰厚的文化意义。

在古代,艾曾代替蓍而用以占卜。蓍草俗称神草、多寿,为"百草之长",故被用作卜筮。但蓍草不易得,所以往往以艾代之。艾草的这种功用,虽说"实际",但离日常生活还是远了一些。

日常生活中,艾曾用以取火。《尔雅》称艾为"冰台",《博物志》云:"削冰令圆,举以向日,以艾承其影,则得火。"就是说,以艾叶揉成的艾绒,放在冰块的聚焦点上可以取火。时至近代,仍不乏艾绒取火之举,即以铁制火镰敲击能发出火星的火石,燃着艾绒,用来点烟等,或进而燃着硫磺棍生火。此外,古人还常以艾绒搓捻点灯。

艾的最大实际功用,当然是用于针灸。陆佃《埤雅》称:艾,"草之可以入病者也"。古代医典对艾的这种功效多有记载,相应的神奇传闻也极多。宋代陆游《老学庵笔记》记云:

> 祖母楚国夫人,大观庚寅在京师病累月,医药莫效,虽名医如石藏用辈,皆谓难治。一日,

> 有老道人状貌甚古，铜冠绯氅，一丫髻童子操长柄白纸扇从后。过门自言："疾无轻重，一灸立愈。"先君延入，问其术。道人探囊出少艾，取一砖灸之。祖母方卧，忽觉腹间痛甚，如火灼。道人遂径去，曰九十岁；追之，疾驰不可及。祖母是时未六十，复二十余年，年八十三乃终。

同时代人吴处厚的《青箱杂记》亦载云："枢密孙公抃，生子数日，患脐风，已不救。家人乃盛以盘合，将弃诸江。道遇老妪曰：'儿可活。'即与俱归，以艾灸脐下，遂活。"

端午节以艾叶辟邪，是我国的传统节令习俗，历史悠久。届期，人们或采来插于门头，或做成艾虎簪戴发际。南朝梁宗懔《荆楚岁时记》谈及前一种："五月五日，……采艾以为人形，悬门户上，以禳毒气。"宋陈元靓《岁时广记》引《岁时杂记·山堂后考》提及后一种："端五以艾为虎形，……或剪綵为小虎、粘艾叶，以戴之。"所谓"禳毒"，其基础正在于艾有一定的药用价值。现代药物学告诉我们，艾性温、味苦，叶子内服有和营血、暖子宫、祛寒温的功能。又可作艾叶油，有平喘、镇咳、祛痰及消炎的作用。此外，以艾蒿熏蚊子，也是一些地区的传统卫生习俗。

值得一提的是，以艾叶装香囊，也是一项传统习俗。这见于节日（端午节）仪俗，也见于日常生活；既有卫生作用，又可美化生活。目下的现实生活中，这种香囊仍旧存在，在"非遗"活动中常可见到。由此，我们认为，现代工艺品设计亦可以艾草为原料，利用谐音将"艾"与"爱"联系起来，做成装有艾叶的心形香包，以供少男少女之馈——传统的承继和创发，在如今这个多彩的社会，仍旧大有可为。

萱草

萱草是百合科萱草属草本植物，又名鹿葱、忘忧、宜男、黄花菜、金针菜。萱草原产我国、日本等地，适应性强，栽培简便。夏、秋开花，花茎高出叶丛，色橘红或橘黄。花盛之时，绿叶成丛，花姿艳丽，气味清香，有一定的观赏价值。不过，萱草在中国花草文化史上的地位，则由所谓"忘忧"、"宜男"的特点所决定，这也是它作为吉祥物的存在基础。

《太平御览》引《本草经》云："萱，一名忘忧。"又引《述异记》云："萱草，一名紫萱，又名忘忧草，吴中书生谓之'疗愁'。"其实，萱草之令人忘忧，还在于其一定的观赏价值。《诗经》曾咏到萱草，曹植更有《宜男花颂》，称其"草号宜男，既晔且贞。"唐人李峤有诗题曰《萱》，也是咏萱草的："屟步寻芳草，忘忧自结丛。黄英开养性，绿叶正依笼。色湛仙人露，香传少女风，还依北堂下，曹植动雄文。"正是描写人们在庭院近旁栽植萱草，观赏把玩，竟日流连，才得以忘忧疗愁。

曹植《宜男花颂》里，已经提及萱草宜男的特点，并有"福齐太姒，永世克昌"之句。据传，萱草有助于孕妇生男孩。《博物志》谓"妇人不孕，佩其花则生男"；《草木记》说得更肯定："妇女怀孕，佩其花必生男"。尽管这只是一种俗信，但对"重男轻女"的传统国人来说，它的吸引力相当强大，视其为吉祥物也就不言而喻了。吉祥图案"宜子孙""宜男多子"中，就主要是萱草（后者还有石榴）的纹图。

此外，古时常以萱代母，椿、萱并称以代父、母。旧时，萱草常植于住居北堂之畔。北堂为古礼所规定的母亲所居之处，故后世以"萱堂"为母亲或母亲居处的代称。明人朱权《荆钗记》有云："不幸椿庭陨丧，深赖萱堂训诲成人。"椿庭、萱堂，分别指代父亲、母亲。寿联中亦常见这种代称，如："蟠桃子结三千岁，萱草花开八百春。""萱花挺秀辉南极，梅萼舒芳绕北堂。"

二、植物篇

菖蒲

菖蒲为天南科多年生草本植物。关于它的名称,古人的解说颇不一致,有的说"乃蒲之昌盛者,故曰菖蒲"(《本草纲目》);有的说"冬至后五旬七日,菖始生。菖者,百草之先生者也"(《吕氏春秋·任地》)。民众取其为吉祥物,主要在于两个方面:一是菖蒲花主贵,一是菖蒲使人延年益寿。

古人认为,菖蒲也是天星的再生。纬书《春秋运斗枢》曰:"玉衡星散为菖蒲。"既为天星所成,必然神异,一方面是"远雅颂、著倡优,则玉衡星不明"(同上);一方面是"见菖蒲花当贵"。《梁书·太祖张皇后传》记载:太祖(梁高祖萧衍之父)皇后张氏,当初"尝于室内忽见庭前菖蒲生花,光彩照灼,非世中所有。后惊视,谓侍者曰:'汝见不?'对曰:'不见。'后曰:'尝闻见者当富贵。'因遽取吞之,是月产高祖。""萧家菖蒲花"的典故,就是由此而来。唐人李贺《梁公子》诗咏道:"风彩出萧家,本是菖蒲花。"

菖蒲有白菖蒲、水菖蒲、石菖蒲、钱蒲等数种。其中石菖蒲、钱蒲等,大多置于几案,以供清赏。苏轼曾作《石菖蒲赞》,其序云:"石菖蒲并石取之,濯去泥,渍以清水,置盆中,可数十年不枯。"《花镜》也谈到其功用:"灯前置一盆,可收灯烟，使不熏眼。"《群芳谱》更以赞美的口气出之："石菖蒲……可以适情，可以养性。书斋左右一有此君，便觉清趣潇洒，乌可以常品目之！"石菖蒲的观赏价值，算得上出类拔萃。

最为普通的菖蒲为白菖蒲，但它最能体现菖蒲的吉祥物价值。首先是辟邪。《荆楚岁时记》云："端午节以菖蒲一寸九节者，泛酒以辟疬气。"这里所泛之酒，便是"菖蒲酒"。《周礼·天官》曰："醢人掌四豆之实。朝事之豆，其实韭菹、醓醢、昌本、麋臡……""昌本"即菖蒲根，可见古时早有蔬食菖蒲之举。此外，一如艾草，端午节还有剪刻菖蒲辟邪之俗，宋人王珪《端午内中帖子词·夫人阁》即云："明朝知是大中节，旋刻菖蒲好辟邪。"

菖蒲或蔬食或浸酒，均与其药用价值紧相联系。对于菖蒲的药用价值，古来医书、笔记、仙话等记述颇多，从五观、须发到肢体、五脏，它都有疗效，而且久服可以延年益寿。《本草经》云："菖蒲主治风寒湿痹，咳逆上气，开心孔，补五脏，通九窍，明耳目，出音声。……久服轻身，不忘不迷惑，延年。益心智，高志不老。"《群芳谱》所云与之相差无几："开心，补五脏，通九窍，明耳目，久服可以乌须发，轻身延年。"

讲得最玄的，当然是神仙道化文字，今引李时珍指斥为"其语粗陋"的《道藏·菖蒲经》，其谓：

> 菖蒲者，水草之精英，神仙之灵药也。……服至一月，消食；二月，痰除；服至五年，骨髓充，颜色泽，白发黑，落齿更生。
>
> 其药以五德配五行：叶青、花赤、节白、心黄、根黑。能治一切诸风，手足顽痹，瘫缓不遂，五劳七伤，填血补脑，坚骨髓，长精神，润五脏，掩六腑，开胃口，和血脉，益口齿，明耳目，泽皮肤，去寒热，除三尸九虫，天行时疾，瘴疫瘦病，泻痢痔漏，妇人带下，产后血运……"

茱萸

提到茱萸，首先想到的，应该是王摩诘《忆山东兄弟》的诗句：

独在异乡为异客，每逢佳节倍思亲。
遥知兄弟登高处，遍插茱萸少一人。

众所周知，诗中所说"佳节"，指重阳节，而"插茱萸"则是其主要节俗之一。旧时，九月初九重阳节这天，人们相约为伴，登高远眺，佩戴茱萸，谓之"茱萸会"。

像其他许多节俗一样,重阳节俗节俗的起源也有着浓厚的神秘色彩。据吴均《齐谐记》载:汝南的桓景随费长房游学多年。有一天,费氏对他说:"九月九日汝家当有灾,宣急去,令家人合作绛囊,盛茱萸以系臂,登高饮菊花酒,此祸可除。"桓景照此行事,举家登山,傍晚回去,见鸡犬牛羊一时暴死,自己和家人则得以免祸。后来,这种活动相沿成俗,也就有了茱萸会。

茱萸是落叶乔木或灌木,有山茱萸、吴茱萸、食茱萸等。平常所说的茱萸,主要指山茱萸,尤其是指其果实。山茱萸开小黄花,果实椭圆,红色,气味香烈,俗以为能祛邪辟灾。九月九日前后,茱萸成熟,色泽赤红,气味最烈,届时便有插茱萸、佩茱萸囊之俗。晋人周处《风土记》曰:此日"折茱萸房以插头,言辟恶气而御初寒"。《群芳谱》等亦云:"九月九日,折茱萸戴首,可辟恶,除鬼魅。"日常人们也以茱萸辟邪,比如身佩茱萸囊或门首插挂茱萸树枝。《太平御览》引《杂五行志》还说,房舍旁种茱萸树,"增年益寿,除患害"。此外,浸有茱萸叶的水亦有防瘟却病的功效,《太平御览》引《万毕术》云:"井上宜种茱萸:茱萸叶落井中,有化水者,无瘟病。"《花镜》等亦谓"井侧河边,宜种此树,叶落其中,人饮是水,永无瘟疫"。

茱萸与九九登高关系密切，故而也就沾染了祝颂登高的意思。传统图案有"茱萸纹"，描绘茱萸树叶之形，自然也浸染着辟邪、登高的意蕴。汉代锦缎有"茱萸锦"，刺绣有"茱萸绣"，都是以茱萸纹样装饰的。又晋陆翙《邺中记》记云："锦有大登高、小登高……大茱萸、小茱萸……"

葫芦

葫芦为藤本植物，又称蒲芦、壶芦、匏瓜、瓠瓜等。葫芦之为物，藤蔓绵延，结食累累，籽粒繁多，故被视作象征、祈求子孙万代的吉祥物。

葫芦有一定的实用价值，其果嫩时可以煮食，老干之后，可剖作水瓢，又可用作酒器，或作一般盛物器用。葫芦叶嫩时也可做菜，称"瓢羹"。旧时还有用葫芦制作的笙，称"葫芦笙"。

在人们的观念中，葫芦"累然而生，食之无穷"（王士禛语），其中籽粒众多，数而难尽，因此被取作绵延后代、子孙众多的最好象征。同时，葫芦藤蔓葱茏茂盛，缠绕绵长，人们又取其滋长、长久之意。葫芦蔓之"蔓"与子孙万代、千秋万代之"万"谐音，又可寓意万代绵长。葫芦蔓上结着

171

数个葫芦的纹图,称"子孙万代",所取就是葫芦结籽众多、藤蔓绵长的特点,以及"蔓"与"万"的谐音。这种图案见于画稿、家具、什器、衣料、建筑、雕刻,表达着中国人根深蒂固的心愿。

瓜

瓜为蔓生植物,种类很多,大要可分为果瓜、蔬瓜两种。细加分别,其名众多,再加方言的差别,称谓便更繁。民间取瓜为吉祥物,大多笼统而言,见之纹图也不尽一致。瓜与葫芦一样,也具有结实结籽多、藤蔓长的特点;被视作吉祥物,也是着眼于此的。

早在《诗经》的年代,瓜便成为展示、祝颂子孙众多的词令。《诗·大雅·緜》曰:"绵绵瓜瓞,民之初生,自土沮漆。"《疏》云:"大者曰瓜,小者曰瓞。"此诗是说周的先祖们像瓜瓞一样代代相续,历传到文王,才奠定了王业的基础。大瓜、小瓜累累结在绵长的藤蔓上,确实是世代绵长、子孙万代的绝妙象征。《诗经》的"绵绵瓜瓞",后人简约为"瓜绵"一词,以喻子孙众盛。元耶律楚材《和冀先生韵》诗云:"宗亲成蒂固,国祚等瓜绵。"类似语汇,更多用作祝颂子孙万代之辞。如祝贺人家生子的对联：

子孙莲房，池有新茁；
梦延瓜瓞，日见绵长。（贺夏天生子）

美济凤毛，兰荪茁秀；
谋贻燕翼，瓜瓞绵长。（贺生孙）

婚联中也有表达这一主题的。此外，这种主题也见于纹图。如"瓜瓞绵绵"，为瓜和蝴蝶（或瓜籽）的纹图，应用极为广泛。

在民间求子习俗中，瓜也是极其重要的角色。比如在湘西，中秋节之夜，热恋中的男女要相伴偷瓜，以求婚后多生孩子；分布极广的中秋"摸秋"习俗，所偷摸的对象，也大多为瓜。清人梁绍壬《两般秋雨盦随笔》记鸠兹（今安徽芜湖）习俗云："女伴秋夜出游，各于瓜田摘瓜归，为宜男兆，名曰'摸秋'。"

南瓜是瓜的一种，有"地瓜"之称。其蔓卧地而生，绵长不断。吉祥图案取其藤蔓卧地及绵长的特点，双重取意，诸如以天竹配南瓜的纹图，称"天长地久"；天竹、南瓜及长春花的纹图，题"天地长春"。

三、器物篇

如意

如意作为吉祥物，几乎是尽人皆知的，其吉祥寓意也几乎无人不晓。在古人的生活中，它曾是一般器物；在今天，它几乎成了"专职"的吉祥物。

关于如意的起源，说法颇不一致。有的从古代朝臣或军旅器用中寻找源头，有的以佛道经籍传闻附会解说，有的上溯到古帝王的宝物，有的则谓源自民间日常用无。其实，所有说法都难以定于一宗，也无须定于一宗，仁者见仁、智者见智可也。

早在魏晋时期，士大夫等执用如意的记载就颇为常见。彼时的如意，柄端作心形，用骨、角、竹、木、玉石、铜铁等制成，持以指划，偶用颇有些像麈尾。《竹林七贤图》中的王戎，即手执一柄如意；晋人殷浩的相识写了一篇赋，王恭读后不语不笑，"但以如意帖（通"贴"，压着）之而已"（见《世说新语·雅量》）。《晋书》至少有两处记及所谓"铁如意"，一为《王敦传》："每酒后辄咏魏武帝乐府歌，以铁如意击唾壶为节，壶边尽缺"；一为《石崇传》："（武）帝每助（王）恺，尝以珊瑚树赐之。……恺以示崇，崇便以铁如意击之，应手而碎。"

古代兵器的一种，也被认为与如意有些渊源。宋代御前禁卫执"骨朵子"，宋孟元老《东京梦华录》"元宵"条云："两边皆禁卫排立，锦袍，幞头，簪赐花，执骨朵子。"骨朵为古兵器，在三十六般兵器中为棍棒之属，大首如蒜头，用铁或坚木制成，亦称"胍肫""胍肫"。用于仪仗中的骨朵也叫"金瓜"，元人张昱《辇下曲》之十九有句曰："卫士金瓜双引导，百司护醉早朝回。"

佛教所谓如意，指为印度传入的佛具，梵语称"阿那律"。佛教有六观音，其一为"如意轮观音"，手持如意宝珠和轮宝，分别满足众生祈愿和转法轮。此处"珠"应为圆形，当只取"如意"的寓意。和尚宣讲佛经时，手持如意，记经文于上，以备遗忘，"佛具之一"当指此。

道教传说中的如意，却真的很是"如意"。传为宋人所著的《采兰杂志》记云：

> 如意者，昔有贫士多玄善，阴德旁及鸟兽，而菽水不赡。忽遇一道士，遗以一物，谓之"如意"，曰："汝阴功感神，故以相与，勿轻用也。凡心有所欲，一举之，顷随即如意，虽冬雷夏雪、起死延年，皆可得之。今商之世，有十四年大旱，天运自然，孰敢有违？汝欲救之，当解其半耳。"商世果大旱，至七年，汤乃斋戒剪发，断爪素车，白马身婴，白茅以为牺牲，祷于桑林，天忽大雨，及数千里。其人方私隐元元，为之一举耳。后人仿其制，号"如意"云。

这则传说，直把如意的起源推到了商代。只是这"如意"形迹全无，究竟作何模样，不得而知，释说器物根源，没有多少说服力。

有意思的是，如意来源指向最为普遍的，是俗语所谓"痒痒挠"，古称"爪杖"（亦称"搔杖"）。清人历荃《事物异名录》引《稗史类编》云："如意者，古之爪杖也。或用竹木，削作人手指爪，柄可长三尺许。或背脊有痒，手所不到，用以搔抓，如人之意。"故而得名"如意"，亦称"不求人"。关于这种器具的起源，或可上溯到战国时代，宋高承《事物

三、器物篇

纪原》即云："吴时，秣陵有掘得铜匣，开之得白玉如意，所执处皆刻螭、彪、蝇、蝉等形。胡综谓秦始皇东游，埋宝以当王气，则此也。盖如意之始，非周之祖，当战国事耳。"宋人吴曾《能改斋漫录·事始二》认为，两晋齐梁间的如意，就是这种爪杖："齐高祖赐隐士明僧绍竹根如意，梁武帝赐昭明太子木犀如意，石季伦、王敦皆执铁如意。三者以竹、木、铁为之，盖爪杖也。"

晚近的如意，与古时爪杖形制相近，当是其遗制。不过，它的长度变短了，不过一二尺，端头多作芝形、云形及心形，多为铁、金、木犀、水犀、白玉、珊瑚、竹根制作，以供赏玩。因其名称吉祥，故而为世人珍赏。在清代，如意的应用十分常见，尤为贵绅大家妇人小姐的身边珍物，亦可用作一般馈赠，还可用以贺婚、祝寿。《红楼梦》第十八回写到贾母受人礼品："原来贾母是金、玉如意各一柄……"孔子第七十七代孙女孔德懋行嫁，嫁妆中最要紧的就是如意。孔德懋著《孔府内宅轶事》记其事道：

> 小弟（孔子第七十七代孙、第三十一代衍圣公孔德成）十五岁那年，我结婚了，结婚前三天，小弟给我"过礼"（送嫁妆），在数百

抬嫁妆中，头一抬就是大楷木如意。①

书中还说："孔府有两件祖传的无价之宝——两个像写字台那样大的楷木如意""楷木如意是孔府赠送贵宾的一种特有的礼物"。楷树属稀有树种，树龄达千年以上，木质坚硬细滑，呈金黄色；而其名之"楷"，又与"至圣先师"的型范贴合，这孔府楷木如意的珍贵可谓名副其实了。

如意不仅以实物的形制出现，同时更多地影响了造型工艺和传统图案。如意端头称"如意头"，多为心形、芝形、云形，建筑、家具、什器、衣物多有取其形制者，如栏杆上端、桌椅腿脚、箱柜铜饰角花、衣服缀贴角花，以及其他物什的角花、耳饰等，应用极为广泛。吉祥图案取如意为题材的也极多，诸如各式各样的如意头；组合的纹图如：

平安如意——瓶中插如意或以如意形为耳的纹图。
事事如意——两个柿子（或狮子）和如意的纹图。
吉祥如意——童子（或仕女）持如意骑象的纹图。
和合如意——盒子、荷花和如意的纹图。

----

① 孔德懋：《孔府内宅轶事——孔子后裔的回忆》，天津人民出版社1982年版，第132页。下引同。

如意还是"八宝"之一（"八宝"详见下文）。

方胜

"胜"本是传统妇女首饰之一，汉代曾经十分流行。这种首饰用金、铜或玉石制成，戴于发髻，用以妆饰。相传西王母就曾戴过这种首饰，《山海经·西山经》谓西王母"蓬发戴胜"，注曰"胜，玉胜也"，可知其质地是玉的。

胜这种首饰，寓意颇为吉祥。《辞源》释"胜"第六条云："事物优越美好的叫胜。"首饰之胜，取的就是"优美""优胜"之意。《释名·释首饰》云："胜，言人形容正等，一人著之则胜，蔽发前为饰也。"

胜是上述妇女的优美首饰的总称，事实上又可分为数种：

华胜，亦称"花胜"（古"华""花"通），狭义指花形的胜，《释名》所谓"华，象草木之华也"；广义则可泛指"胜"。华胜一般剪綵为之（所谓"綵胜"），也有金錾、玉雕的。其形状，"草木之华"外，还有鸟羽等，所谓"图花学鸟胜初裁"（唐李适《人日宴大明宫恩赐綵缕人胜应制》）。《后汉书·舆服志》载："太皇太后、皇太后入庙服……簪以玳瑁为擿（簪股），长一尺，端为华胜，上为凤凰爵，以翡翠为毛羽。"

人胜，人形的胜。为镂刻或剪裁金箔等制成。正月初七为"人日"，旧时节俗，人日要制作人胜，或自用祝吉，或遗赠祝福。南朝梁宗懔《荆楚岁时记》云："正月七日为人日，以七种菜为羹。剪䌽为人，或镂金薄为人，以贴屏风，亦戴之头鬓。又造华胜以相遗。直到元明，此俗犹存，江南《如皋县志》（见《古今图书集成·职方典》）载："人日妇女剪䌽为人，或为燕雀，相遗以为鬓髻之饰。王沂公诗：'彩燕迎春入鬓飞。'"

另外的一种便是方胜。华胜、人胜均肖形而成，方胜则是几何形的，为两个菱形压角相叠组成的图案或花样。方胜一方面取胜的吉祥意义，寓意"优胜"；一方面取形的压角相叠，寓意"同心"。同时，"方"字也可形意双解，形指方胜图纹之方直而非圆曲，其意则可训为"正""犹"。这样，方胜在"胜"字优美、优胜的意义之外，又增添了同心、昌盛的意思，成为寓意丰富、图案精美的吉祥符。

就应用情形来看，方胜大多还是以图案的形式出现，或独立为纹图，或与盘长组成方胜盘长、套方胜盘长。此外，方胜也见于"八宝"图案之中。

八宝为古人认定的八件宝物，其数多于八，其物诸如宝珠、

三、器物篇

古钱、玉磬、祥云、犀角、红珊瑚、艾叶、蕉叶、铜鼎、灵芝、银锭、如意以及方胜，取其中八种即为"八宝"。这些图案应用于衣料、建筑、家具、什器等。《宋史·舆服志》载："方胜宜男锦绶为第三等，左右仆射至龙图、天章、宝文阁直学士服之"，可知此种朝服的图案是方胜、萱草的纹图。

传统书信折叠法有"同心方胜"，即将信笺叠成菱形花样，王实甫《西厢记》三本一折，崔莺莺传书张生，"不移时把花笺锦字，叠作个同心方胜儿"。这"同心方胜儿"，实在是表达两情念念的绝妙物征；《西厢记》拈来笔下，怎不引动人情？这正所谓"语关风俗始动人"了。

盘长

我国传统文化有所谓"八宝"，指的自然是八种宝物。具体为哪八种，则形成了佛、道、民间三个系列。道教、民间八宝，已在前文述及（分别见"八仙"和"方胜"条）。

佛家的"八宝"，为法螺、法轮、宝伞、白盖、莲花、宝瓶、金鱼以及盘长。北京《雍和宫法物说明册》载："法螺，佛说具菩萨果妙音吉祥之谓；法轮，佛说大法圆转万劫不息之谓；宝伞，佛说遍复三千净一切药之谓；莲花，佛说出五浊世无所染着之谓；宝瓶，佛说福智圆满具完无漏之谓；金鱼，佛说坚固活泼解脱坏劫之谓；盘长，佛说回环贯彻一切通明之谓。"

八件佛家法物中，第一件是法螺，其意为"妙音吉祥"，因而佛门八宝也总称"八吉祥"，亦称"八吉"。八吉祥的纹图，也是我国的传统图案，应用于家具、什器、建筑，其中以建筑为最，尤多用于寺庙、宫殿。

八吉祥之中，莲花、金鱼、宝瓶、盘长，也是我国普遍的吉祥物或吉祥符。按佛家解释，盘长为"回环贯彻、一切通明"，本身含有"事事顺、路路通"的意思。同时，其图案本身盘曲连接，无头无尾，无休无止，显示出绵延不断的连续感，因而被民众取作吉祥物或吉祥符。

作为连绵不断的象征，盘长的适用性很强，世代绵延，福禄承袭，寿康永续，财富源源不断，以至于爱情之树的常青，都可以用它来表达、来象征。

盘长的图案，在建筑、衣物上应用最广。北方农村民居木窗棂、纱门，多有以盘长为镂花或框架；炕围画以及床单、台布等，也多有以单个盘长为角花，或者二方连续的花边。传统服装有的扎结布条为盘长形，缀于衣襟边角。总之，大至建筑的窗格、桥头的栏杆，小至衣着的钮扣、佩饰的系带，多有做成盘长样式的。

八十年代以来，有一种夏令女衫颇为流行。其款式与一般白色短袖衫相差无几，只是在胸前缀有黑或蓝色布带盘长，两端恰到好处地由胸前延向双肩，既突出了女性曲线之美，也可寄寓幸福绵长的情意。近些年风行的中国结，也与盘长深有渊源。

盘长有单独应用的，有二方连续的，有用作角花的，还有变形的双盘长、梅花盘长、万代盘长、方胜盘长、套方胜盘长等。有的还将其外廓线形，变化成葫芦模样；有的则与几何图形化的篆体寿字结合，组成花边。

中国结

说到风行当今中国的吉祥物，首屈一指的，恐怕要算中国结了。近些年来，它已经成为中国文化的典型符号之一，广泛流行于海内外。不过，虽然有一个响亮的现代名字，但它却是传统文化长期积淀形成。

"结"这种东西，很早就存在，只是打结的材料和花样不同而已。见于文化史的结，最早的恐怕是"结绳记事"之结。《周易·系辞》记云："上古结绳而治，后世圣人易之以书契。"

那时的结绳之举,相当于后世的立契约、写字据。具体而言,"事大大其绳,事小小其绳,结之多少,随物众寡,各执以相考(对质)"(荀爽《九家易》)。书契发展出来以后,自然无须再以结绳记事,但结仍然存在于人类文化中,而且由实用到精巧美观,愈来愈意蕴深厚。

结在社会生活中的实际应用非常广泛,日常生活、礼俗生活中都十分常见。由于打结的材料以布帛锦缎为优,所以更多存在于衣饰文化中。旧式服装盘扣,其实就是布帛绾成的一种特殊的结。衣服之外,佩件、家什也用到结。比如铜镜,镜钮就有穿绳结的,以便持握;古人佩带印鉴,印钮要穿结。至于玉珮等,也要穿绳结来佩戴。此外,香囊、扇坠、项链上也要用到绳结。

礼俗生活中的结,比如婚嫁中的结缡(也作"褵"),是母亲给出嫁女儿系结胸前的佩巾,教诲她到夫家后要勤劳持家。传统所说的"结发夫妻",礼俗中的一种浪漫表现,是在新婚良宵,新郎、新娘男左女右,把两人的头发绾成同一个髻。这种结发仪式,可谓寓意深长。在岁节活动中,春节给孩子的压岁钱,要用红绳穿成一串;端午节给孩子佩带五彩端午索,也要用到结。而出仕做官叫"结绶(带)",也与结有关。至于张灯结彩的"结彩",这"结"就更是喜气洋洋了。

显然，上述种种的结，有些已经超越实用价值，兼具装饰作用，也寓有独特的意蕴了。传统结饰中还有百结、同心结，则几乎成了纯粹的吉祥装饰物。百结和同心结都是用锦带连叠回环结成，一般为菱形。它们表示的，都是人们相互间情谊，尤其是情人之间的恩爱，凸显的是"同心"。梁武帝萧衍《有所思》诗云："腰间双绮带，梦为同心结。"唐代诗人温庭筠《织锦词》诗云："锦中百结皆同心，蕊乱云盘相间深。"百结、同心结这类寓意之结，实际上就是今天所谓"中国结"的前身，只是样式和寓意更为丰富多彩了。

当今的中国结，既是传统的继承，又有时代的创新。中国结大多用一根红绳编成，首尾衔接，一气呵成。编结时，运用绾、结、穿、缠、绕、编、抽等技巧，章法循环有致，连绵不断。根据形状和组合等，中国结有许多品类名目，而且各有吉祥寓意。诸如古钱结、磬结、"卍"字结、吉字结、喜字结、盘长结、鲤鱼结、蝙蝠结、如意结、藻井结、法轮结、蜻蜓结、龙形结、绣球结，等等。这些独立的结，本身就有吉祥寓意，如卍、喜（囍）、古钱、磬、盘长、如意等，本身就是吉祥物或吉祥符。单独类型的结相互组合，表意则更为丰富。比如吉字结、磬结与鲤鱼结组成的结，寓意"吉庆有余"；蝙蝠结和古钱结组成的结，寓意"福在眼前"……

此外的组合结,诸如长寿安康、四季如意、福寿双全、方胜平安、好事成双、团圆美满等等。

中国结在国人现实生活中的运用十分广泛。它主要以实物的形式出现,用红锦带扎成,下有飘繸,上有系扣;中间主体的结,有单一的,也有几个结组合成大结的。一般用于挂饰,也有应用于衣服缀饰或其他物件配饰的。此外,中国结也以图案的形式出现,尤多用于春节贺年卡、首日封的装饰图案等。

所有的中国结装饰,几乎都有吉祥寓意,并与特定背景和场合浑然一体,意味深长。婚帐帐钩上装饰盘长结,寓意两情相依、绵长永久;佩玉上装饰如意结,寓意称心如意、万事遂心;扇子上装饰吉祥结,寓意吉人天相、大吉大利;剑柄上装饰法轮结,寓意如轮飞转、惩恶扬善;书架上装饰藻井结,寓意学识渊博、文藻富丽;台灯上装饰绣球结,寓意工作顺利、前程似锦……

古钱

古钱也就是古代的铸币,人所熟知的形制为圆形方孔,铜铸,故俗称"铜钱"(又称"字钱"等),谑称"孔方兄"。

其实，钱最早是一种农具。《诗·周颂·臣工》曰："命我众人，庤乃钱镈。"宋魏了翁《古今考》解说云："《诗》所谓钱，盖农器也。"徐光启《农政全书·农器》云："兹度其制，似锹非锹，殆与铲同。"就是说，钱本是一种与铲的形制相差无几的农具。

古初之时，以物易物模式日显局限，相应的交易媒介逐渐出现，铲形农具"钱"也曾充任其职。后来，铸币仿照这种农具的形状，作为货币的钱就诞生了。再后来，仿陶纺轮或璧环而作"圜钱"（亦称"圆钱"），有圆形圆孔和圆形方孔两种。后者的形状，所谓"外法天，内法地"，取义精宏，起于战国晚期。秦始皇时，亦将货币统一为这种形制，其后一直沿用两千余年，直到晚近。

铸以钱形或其他形状的古代铸币，亦称"泉"或"泉布"。《周礼·天官》注云："其藏曰泉，其行曰布。取名于水泉，其流行无不遍也。"就是说，"泉"的名称取意于泉水的流行周遍，体现了货币作为流通媒介的特性。

不过，在中国这个"言义不言利"的国度，钱的处境有时颇为尴尬。它被谑称为"孔方兄""阿堵"，以见当事人藐视钱财的品性。晋人鲁褒写过有名的《钱神论》，以刺贪鄙。优戏滑稽戏笑者流也借讽喻以刺贪劝世，有名的如"钱眼内坐"

故事：

> 南宋张俊以好利著称，高宗宴会时，优伶言能于钱眼中窥人，知其何星。使窥高宗，曰"帝星"；窥秦桧，曰"相星"；窥俊，曰"不见星"。众皆骇，复令窥之，曰："但见张郡王于钱眼内坐。"（事见明田汝成《西湖游览志馀》）

然而，钱毕竟是财富的象征，是人们心向往之的东西；况且，民众取钱为吉祥物，主要方法是谐音取意而已。其途径有三：

钱与"前"声韵皆同，铜钱上的孔又称"眼"，二者组合，成"眼前"之意。故钱与其他事物相组合，成"×在眼前"，诸如：蝙蝠和古钱的纹图，叫"福在眼前"；喜鹊面前有古钱或喜字和古钱的巧妙组合，称"喜在眼前"。此外有"金玉满堂"，为树枝上挂古钱的纹图。

钱古称"泉"，泉与"全"音同，两枚古钱意为"双全"，十枚则称"十全"。与其他事物组合，成"××双全"，如"福寿双全"，为蝙蝠口衔用绳穿起来的篆书寿字和两枚古钱的纹图，或蝙蝠、桃和两枚古钱的纹图。此外有"十全富贵"，为牡丹配以十枚古钱的纹图。

古钱也可独立构成图画或纹样。许多钱用"贯"穿起来的纹图叫"连钱",十枚铸有特定祝吉钱文的古钱在一起叫"十全"(钱文为:一本万利,二人同心,三元及第,四季平安,五谷丰登,六合同春,七子团圆,八仙上寿,九世同堂,十全富贵)。此外,许多古钱双叠的图案叫"古钱套",可作底图。瓷器传统装饰纹样又有"钱纹",流行于宋代,用于装饰盘、碗的边沿或瓶、罐的肩部、腹部,可兼作辅助纹样和主题纹饰。

作为吉祥物,钱也与一定俗信结合,以实物的形态出现。旧有"厌胜钱",为小儿佩戴的品物,形似钱币,上有文字、肖形或图绘,人以为佩此可以压伏邪魔。民间若无特制的厌胜钱,就以普通古币代替,缝于衣襟、肩头(或有加鞭炮、蒜者等)。旧时,小儿满月开始佩戴的"长命锁",有以积百家钱购金银打制者,有以敛钱打制铜质者,亦有将古钱用红线穿在一起的,用来驱邪锁命,保佑婴孩健康成长。民间又有春节在饺子里包钱的习俗,俗说吃到者一年好运。此俗衍传至今,只是镍币代替了古钱。

中国吉祥物

银锭（元宝附）

　　银锭为我国古代民间自由铸造的银块，其品位、轻重、大小都无定制，交易时称其重量，检其成色。种类不一，大别之，有元宝锭（或称"马蹄锭"）、中锭（小元宝锭）、小锞（形似馒头）三种，此外尚有碎银、银条、滴珠等等。

　　我国民间习惯称银锭为"元宝"，其实元宝只是银锭的一种。据说，战国时代铸币钱文有曰"宝货"者；秦汉为"半两""五铢"，到了唐代，钱文中"宝"字又渐多见，有"开元通宝""乾封泉宝""乾元重宝"。五代后晋天福三年十一月，石敬瑭铸钱以"天福元宝"为文，自此方有"元宝"钱文，宋代又有"淳化元宝"，故而"元宝"成为较大、较重银锭的别称。后以元宝形似马蹄，又称马蹄银、马蹄锭。

　　银锭为财宝，良可宝重自不必说；作为吉祥物，则又有一番讲说。旧时文官考试之前，友人常赠笔、锭胜糕（元宝形的饼）、粽子，取义"必定如意"，其中锭谐音"定"。吉祥图案中表达"定"的意思，多取银锭为比拟物。"必定如意"另外的表达法，便是笔、灵芝（或如意）和银锭的纹图。《红楼梦》第十八回写贾母接受礼品道："原来贾母的是金、玉如意各一柄，……紫金'笔锭如意'锞十键，'吉庆有余'

银锞十锭。"此外有金锭纹、银锭纹,可用作图绘的底纹。银锭还是中国传统的"八宝"之一。

作为银锭之一的元宝,因其名吉祥,元宝之"元"又与三元之"元"音同,故多被绘入吉祥图案。"三元"的意思很多,此处指科举考试的几个名次。一说为乡试第一名"解元"、会试第一名"会元"、殿试第一名"状元",一说为殿试一甲第一、二、三名状元、榜眼、探花。三个元宝摆在一起的纹图,就叫"三元",亦称"三元及第"。

爆竹

爆竹并不像许多吉祥物那样,具有多么深厚的寓意;但无疑,它又是中华民族最为响亮、普遍的吉祥物。它从最初的驱怪、到辟邪、再到祝吉贺喜,已经深深渗透到国人的礼仪生活和日常生活之中,随时随地就会火爆爆地绽放开来。

最初的爆竹,名副其实——焚烧竹竿,使之爆裂。相传那时有一种叫"山魈"(也作"山臊"等,后来亦有径称"年"者)的怪物,经常乘人不备来偷吃东西,而人们要是冒犯了它,就会患上寒热病。但这怪物害怕火,也害怕声响,听见"噼啪"

之声就会逃之夭夭,所以人们把竹子扔到火里燃爆来惊吓它。而这种方法是一位仙人在某年除夕指点的,后来人们就在一年新旧之际的除夕、元旦来燃爆竹,祈求一年辟邪祛害。

春节燃放爆竹之俗,南朝梁宗懔《荆楚岁时记》就有记载,文云:"正月初一,……鸡鸣而起,先于庭前爆竹、燃草,以辟山臊恶鬼。"此后,爆竹逐渐脱离原始的机理,开始与火药结缘。到唐宋时期,纸卷火药制成的爆竹已经广泛存在。宋孟元老《东京梦华录》载云:"(皇帝)驾登宝津楼,诸军百戏呈于楼下,……忽作一声如霹雳,谓之爆仗……"在这里,爆竹已经不复原始的情形,用意似乎也更多的是庆祝和娱乐。

爆竹有很多别名。早期也叫"爆竿",竿指的就是竹。后来又叫"爆仗",相传是因皇帝御前的供奉均称"仗",爆竹也就谓之"爆仗"。又叫"炮仗",与炮联系,显然已经是装卷火药无疑了。爆竹之一名为"鞭炮",由许多头小爆仗编成大串,所以也叫"编炮";而叫"鞭炮",也许是着眼于声音来命名的——鞭梢(旧时多用牛皮)凌空可以抽出脆生生的"响儿"来……

爆竹又因种类不同而名目繁多,诸如二踢脚、麻雷子、钻天猴、窜天鼠、滴滴金、大地红等(有的已与烟火结合)。

三、器物篇

这些名目，有的质朴写实，有的本身就有吉祥寓意。宋代杭州有一种装有五色纸钱的爆竹，大年初一开门时，燃放爆发，彩纸落地，称作"满地踏金钱"，吉祥寓意显而易见。

爆竹脱离原始功能之后，逐渐具备了娱乐、庆贺的功能。最常见的，当然也还是春节期间燃放，大约进入腊月即零星燃放，到元旦、元宵形成两个高潮，一直到正月尽乃至二月二才日渐寥落。其他节庆活动中，燃放爆竹也是常有的事。此外，婚嫁、建屋、开业以及其他值得庆贺的时候与场合，也都要燃放鞭炮。此时，热热闹闹的鞭炮声已经绝无"辟山臊恶鬼"之意，而是充满了庆贺与祝愿；鞭炮燃放后的一地红屑，也仿佛天降花雨，充满了喜气……

爆竹也并非只用来燃放，还有装饰性的爆竹。这种爆竹更多则是模拟的，形式总是"编炮"，可大可小，成双成对，鲜红夺目。它可以作为节日，尤其年节的装饰，也可以作为日常的装饰。这种爆竹或单独使用，更多则是综合应用，其他吉祥物构成组合性的装饰工艺品，比如与中国结、古钱、福字、生肖等组合。

吉祥图案也有爆竹出现。比如"竹报平安"，绘童子放爆竹的纹图，应用于画稿、春联和什器上；"岁岁平安"，绘花瓶和爆竹（地下数个，瓶中竹竿挂一串）的纹图，以爆

193

竹代表"岁岁",应用于画稿及什器等。

灯笼

灯既是一种实用品,也是一种装饰品,古代如此——灯被做成各种形状,既有实用之效,又具装饰之美;现今仍然如此——不仅形制上美观,而且色彩上绚烂。灯笼作为灯的一种,也是如此。

灯笼是以纱、葛或纸做成笼罩,里面燃烛,是一种防风的照明用具。电灯出现以前,无论蜡烛还是油灯,室外使用时都要防风,由此而诞生了灯笼。明人徐炬所著《古今事物原始》说:"灯笼一名篝烛,燃烛于内,光映于外,以引人步,始于夏时。"说灯笼始于夏代,未必可信。但南北朝时期的宋武帝刘裕,微贱时曾用过葛灯笼,事见《宋书·武帝纪》,可见此前已有灯笼。

灯之作罩,起初的目的只在于防风。不过,就如灯一样,灯笼也很快发展出了装饰性功能,在罩的形制(如圆、方、多角等)和装饰(包括灯架的雕刻、灯罩的彩绘等)大大讲究起来,千姿百态,丰富多彩,形成所谓"灯彩",而其突出代表就是元宵花灯。

花灯也叫彩灯,一般专指元宵灯节张挂展示或执持耍弄的灯笼。这种灯笼并不讲究实际功用，美观绚丽才是追求重心。花灯有几何形状的，也有仿生的，如龙、马、黄瓜、柿子；还有仿人形的。灯架的雕饰自然要讲究，但更讲究的是灯罩的彩绘，所绘内容有吉祥图案，有花草鸟兽，有小说戏曲故事。有的花灯还能动起来，如"走马灯"，利用灯烛的热能嘘动纸轮旋转，纸轮所绘人马也跟着转动起来，形成人走马驰的景象。这种灯在唐代已经存在，称作"影灯"。后世的走马灯并不专以人马为题材，戏剧、小说情节也成了它的重要内容。

历代花灯有各种各样的名目，《金瓶梅词话》写潘金莲等在灯市赏灯，所见花灯就极为丰富：

> 山石穿双龙戏水，云霞映独鹤朝天。金莲灯、玉楼灯，见一片珠玑；荷花灯、芙蓉灯，散千围锦绣。绣球灯，皎皎洁洁；雪花灯，拂拂纷纷。秀才灯，揖让进止，存孔孟之遗风；媳妇灯，容德温柔，效孟姜之节操。和尚灯，月明与柳翠相连；通判灯，钟馗共小妹并坐。师婆灯，挥羽扇，假降邪神；刘海灯，背金蟾，戏吞至宝。骆驼灯、青狮灯，驮无价之奇珍，咆咆哮哮；猿猴灯、白象灯，进连城之秘宝，玩玩耍耍。七手八脚螃蟹灯，倒戏清波；巨口大鬐鲇鱼灯，平吞绿藻。银蛾斗彩，雪柳争辉。……转灯儿

> 一来一往，吊灯儿或仰或垂。琉璃瓶映美女奇花，云母障并瀛洲阆苑……

元宵花灯吉祥喜庆，但有一定的时限。作为日常吉祥物的灯笼，并没有元宵花灯那样繁杂的花色品种，一般都是比较规整的形制，或圆或方（多角），灯架有竹木的，近些年也有金属、塑料的；灯罩用料或纸或纱或绢，也有料丝灯（用玛瑙、石英等做原料抽丝制成）、羊角灯（用羊角和牛蹄制成，是玻璃被应用之前材质最透明匀净的一种灯），晚近出现玻璃灯。灯罩上大多描绘吉祥图案，特殊场合所用者上写相应文字，如寿诞写"寿"字，婚庆写"囍"字。

说到灯笼，就不能不提宫灯。顾名思义，宫灯是旧时皇宫所用。但发展到后来，民间也仿照其式样制作灯笼，广泛使用起来。各种造型的宫灯，与我国宫殿建筑以及其他传统建筑极为协调，陈设于室内外，十分典雅美观。宫灯一般用木材作为灯架，透雕各种图案，再镶上纱绢或玻璃，并彩绘人物、山水和花鸟等。宫灯有八角、五角、六角者，有的灯架上端加灯檐，也有做成亭子形的。常年悬挂或陈设的灯笼，大多是宫灯形制的。

灯笼的运用极其广泛，尤以实物应用为多。节庆场合张挂自不必说，每到春节、新年、国庆等，无论机关单位还是普通住居，门口、檐前都能看到火红的灯笼。平常乃至一年四季张挂，这样的灯笼旨在装饰。有的小灯笼，可以作为链坠等，又可与其他吉祥物组合。2022年北京冬奥会吉祥物之一的"雪容融"，也是以灯笼为原型设计的。

灯笼的图绘当然也有，但由于本身极强的装饰性和易于应用，较之其他吉祥物要少。图绘的灯笼大多与节庆有关，比如每逢节庆，宣传栏绘红灯笼，上写"庆祝国庆""庆祝春节"等应时的口号。此外，灯笼形的工艺品甚至实用品也不少，比如漏窗、围墙做出灯笼形的图案，铁艺的门墙、护栏铸出灯笼的图案，等等。

瓶

古时，瓶大体有三种，一是汲器，一作炊具，一为酒器。大多为铜铸；用于陈设的瓷质花瓶，宋代才开始流行。明人陈继儒《群碎录》六："古无磁瓶，皆以铜为之，至唐始尚窑器。"不过，唐时瓷窑尚少。至宋，南北各地瓷窑大量烧制青、白、黑、青白、白地黑花、白地褐花、三彩和黑地铁绣花等花色品种的瓶，造型有玉壶春瓶、经瓶、净瓶、梅瓶、橄榄瓶、胆式瓶、葫芦瓶、双鱼瓶等。元代有八方瓶，明代有天球瓶、宝月瓶、象耳折方瓶等，清代有棒槌瓶、柳叶瓶、凤尾瓶、象腿瓶、转心瓶、美人肩瓶。

瓶本身的造型、命名，有取意吉祥者。葫芦瓶，因其形似葫芦而得名，多用于陈设。葫芦与"福禄"近音相谐，又有书"大吉"二字者，具有祈求吉祥福禄等意义。壁瓶，造型为瓶体的一面随形鼓起，另一面平坦，宜于平贴在墙上；主要用于装饰，故图案多寓有吉庆之意。九桃瓶，宫廷陈设瓷器，造型为直颈、圆腹、圈足，瓶体上粉彩描绘枝叶繁茂的树干，结缀硕桃九颗，寓意"福寿长久"。

佛家"八吉祥"中有宝瓶，《雍和宫法物说明册》云："宝瓶，佛说智慧圆满具完五漏之谓。"又有甘露瓶，直口腹大，腹下渐弇，下为座。这种瓶常被塑在观音菩萨像的旁边供杨枝，是观音盛圣水甘露普救众生的。

此外，古代也不乏宝瓶灵异一类的仙话。唐人传奇《河东记》，中有《胡媚儿》一篇记云：

> 唐贞元中，扬州坊市间，忽有一技术丐乞儿，不知所从来。自称姓胡、名媚儿，所为颇甚怪异。一旦怀中出一琉璃瓶子，可受半升，表里烘明，如不隔物。遂置于席上，初谓观者曰："有人施与满此瓶子，则足矣。"瓶口刚如苇管大，

有人与之百钱，投之，琤然有声，则见瓶间大如粟粒，众皆异之。复有人与之千钱，投之如前；又有与万钱者，亦如之。俄有好事人，与之十万、二十万，皆如之。或有以马、驴入之瓶中，见人、马皆如蝇大，动行如故。

作为民间吉祥物，花瓶或有因佛家宝瓶、道家甘露瓶而寄意吉祥的成分，但更主要的是由"瓶"字的字音而来，即以瓶谐"平"，取"平安"之意。吉祥图案中的瓶，大都是由此而寓意吉祥的，诸如：

平安如意——瓶中插如意的纹图。

平升三级——在花瓶中插入三支戟，旁边配上芦笙的纹图。

玉堂和平——花瓶中插玉兰花和海棠花的纹图。

岁岁平安——花瓶和数个爆竹（或数种新年玩具）的纹图）。

镜

镜是众所周知的一种生活用品。上古时代，人们以水照面，因而镜最初称"鉴"。后来才叫镜，取其能照影像而命名，

《释名》所谓"镜,景也,言有光景也"。镜在古诗文中又叫"菱花",其名大略始于唐代,因其六棱造型或背刻菱花而得名。李白《代美人愁镜》诗有句云:"狂风吹却妾心断,玉筯并堕菱花前。"

相传镜为黄帝所造,《轩辕内传》云:"帝会王母与王屋山,铸镜十二,随月用之,此镜之始也。"任昉《述异记》也说:"饶州俗传轩辕氏铸镜于湖边,今有轩辕磨镜石,石上常洁,不生蔓草。"

古镜用铜制作,一般为圆形,照脸的一面磨光发亮,背面大多铸有钮和纹饰。铜镜始盛于战国时代,形制轻巧,纹饰简单,或无纹饰、无铭文。西汉至东汉前期的铜镜逐渐厚重,纹饰有几何图案、神人和禽兽纹等,钮多作半球形或柿蒂形,铭文多为通俗的吉祥语。至唐,除圆镜外,始有菱花镜、八棱镜、带柄手镜。唐、宋镜的纹饰多为花蝶、葡萄、鸟兽、人物故事、缠枝花草、牡丹等。清乾隆之后,铜镜渐被玻璃镜所代替。

镜向被视作神秘之物。道家说它能照妖,葛洪《抱朴子》云:"万物之老者,其精悉能记人形惑人,唯不能易镜中真形,故道士入山,以明镜径九寸以上者背之,则邪魅不敢近,自见其形,必反却走转。镜对之视,有踵者山神,无踵者老魅也。"故有"照妖镜",李商隐诗句云:"我闻照妖镜,及于神剑锋。"民间一般认为镜可驱邪辟祟，李时珍《本草纲目》云："镜乃金水之精，内明外暗，古镜如古剑，若神明，故能辟邪魅忤恶。凡人家宜悬大镜，可辟邪魅。"

作为吉祥物，镜的首要功用就是所谓"辟邪魅"，从消极的方向求取安宁吉祥。旧时建屋，多于屋脊嵌镜子，此俗现在仍可见于一些地区，或一或三或五，在阳光照耀下熠熠闪光。已有邪魅作祟，亦有嵌镜于住居某处驱邪者。旧时娶亲时，新妇有怀揣镜子者，亦有在天地桌上米斗中置镜者，还有在新房寝帐饰镜者，其意皆在驱魔辟祟，保佑新人平安幸福。

镜也因其字音而被用作表达吉祥丰颢的题材，一是以镜谐"晋"，一是单取铜镜之"铜"以谐"同"音。前者如吉祥图案"晋爵"，绘古镜与铜爵的纹图；后者如"同偕到老"，绘铜镜和鞋的纹图，多见于各种婚礼用品中。此外，旧时一些地区嫁妆中必有鞋和铜镜，亦为祝颂"同偕到老"之意。

鞋

鞋子虽为服饰的重要组成部分，也不乏"文化"，可毕竟是平常不过物什；但确确实实，在民俗信仰中，它正占有着一定的位置。

古来有关鞋的俗信颇多。首先是与吉祥寓意无关的：旧时，人们认为吊死鬼穿红鞋，来世还能当新娘；溺死鬼要把鞋子放在岸上，以免来世没有鞋穿，老是赤脚走路。又，民间认为在陌生地方或在野外睡觉，应将鞋子枕在头下，如此即可驱邪辟祟，俗谚有云："头枕烂泼鞋（方言读如"孩"），神鬼不敢来。"这中俗信中的鞋子，已经向吉祥物的行列大步迈进了。

鞋成为吉祥物，系谐音取义而来。鞋音谐"谐""偕"。"谐"的意思是"和合""协调"，也有"成就"的意思，用以表示一种关系或事物的状况；"偕"意为"共同""一起"，主要用于表现双方关系。

旧时，祝颂新人白头到老用鞋，如嫁妆中备铜镜和鞋，寓"同偕到老"之意；吉祥图案"同偕到老"，亦为鞋和铜镜（或铜盆）的纹图。胡朴安《中华全国风俗志》记及安徽合肥婚俗云："新妇即行于袋上，至房门前，即将新妇之鞋易以新郎之鞋，谓之'同偕到老'，盖'偕'与'鞋'同音也。"此外，旧时还有窃人之鞋，或采取其他方式涉及鞋，以取"谐"的吉兆，祈愿诸事顺遂、成功。

鞋之为吉祥物，清人金埴《不下带编》（卷二）概括颇详："李泌宿内院，且起，或窃泌鞋送帝所，帝曰：'鞋者谐也，当为弼谐,事宜谐矣。'今人家嘉礼答采,必设绛丝鞋;新妇进门,进舅姑及诸姑伯姊,必具乾鞋坤鞋诸仪,亦取夫妇谐好偕老之义。"

琴瑟

琴、瑟都是我国传统弦乐器,属"八音"中的"丝"。相较来说,琴的使用、影响更为之泛。今瑟二十五弦(传说过去二十四弦),弦上各有柱,可以上下移动,以定声音的清浊高低。琴古作五弦,周初增至七弦。

我国古代的士人(文人),是一个特殊的社会阶层。士人在传统社会占有一定地位,他们的所作所为也往往成为社会风尚。旧时有所谓"四艺",即琴棋书画(弹琴、弈棋、写字、作画),为文人风雅之事,琴居其一。史籍记载,孔圣人曾向师襄学习鼓琴。同时,琴还以更多样的方式出现,展示士阶层的风尚。这只要看一组以琴为构成元素的词,即可明了:

琴书——琴和书。古代文人的榜样。陶渊明《归去来兮辞》云:"悦亲戚之情话,乐琴书以消夏。"

琴觞——弹琴饮酒。白居易诗《再授宾客分司》云:"宾友得从容,琴觞恣怡悦。"

琴鹤——以琴鹤相随,比喻为官清廉。唐郑谷《赠富平李宰》诗曰:"夫君清且贫,琴鹤最相亲。"

琴剑——琴和剑,古代文士常以此随身。唐薛能《送冯温往河外》诗云:"琴剑事行装,河关出壮方。"

琴心剑胆——琴为心,剑为胆,喻刚柔相济,儒雅任侠,为文士风范。元吴莱诗句写尽其意态:"小榻琴心展,长缨剑胆舒。"

此类例子还可举出好多。由此可见人们对士人及其行为的崇尚;爱屋及乌,琴也便成为受人宝重的雅物。

琴瑟结合,吉祥寓意便再明显不过了。琴瑟同时弹奏,其音和谐,故多用来表现人伦关系。其中既可表现朋友、兄弟关系,又可表现夫妻关系,且晚近以来主要用以表现后者。

琴瑟表示朋友、兄弟之间情谊融洽,古诗文多有所见。三国魏曹植《王仲宣诔》:"吾与夫子,义贯丹青,好和琴瑟,分过友生",讲朋友之谊;西晋潘岳《夏侯常侍诔》:"子之友悌,和如琴瑟",谈手足之情。相较而言,还是以比喻朋友融洽为多,如唐陈子昂《春夜别友人》诗:"离堂思琴瑟,别路绕山川。"

琴瑟更主要的是表示夫妇和睦,南齐王融诗《和南海王殿下咏秋胡妻》之一云:"且协金兰好,方愉琴瑟情",讲的就是夫妇好合。这样的寓意,当然首先要溯及《诗经》。《诗经·周南·关雎》有云:"窈窕淑女,琴瑟友之。"后世常以"琴瑟调和"等吉语,祝颂新婚夫妇。

婚联中以琴瑟祈愿、祝颂夫妇和谐者就更多了,最简单的,如在洞房门口贴一副《诗经》摘句而来的喜联"琴瑟友之,钟鼓乐之";此外如:

琴瑟在御;
凤凰于飞。

乾坤交泰;
琴瑟和谐。

旭日芝兰秀;
春风琴瑟和。

鸣琴乐佳偶;
鼓瑟缔良缘。

鸳鸯相戏水色美；
琴瑟谐弹福音多。

鹤舞楼中，玉笛琴弦迎淑女；
凤翔台上，金箫鼓瑟贺新郎。

笙

笙是传统簧管乐器。因笙竽一类乐器用匏做底座，上设簧管，古属八音之一的"匏"。"八音"为我国古代对乐器的概称，指依据所用质料区分的八种类型的乐器：金、石、丝、竹、匏、土、革、木。例如：钟为金，磬为石，琴瑟为丝，笛箫为竹，笙竽为匏，埙为土，鼓为革，祝敔为木。

据传，笙是神话人物女娲所制。宋高承《事物纪原》载："《礼记·明堂位》曰：'女娲制笙簧。簧，笙中之簧也。'《世本》曰：'女娲作笙簧。'《商氏小史》亦云。曹植《女娲赞》曰'造笙作簧'。《隋书·音乐志》曰：'笙、竽，并女娲之所作也。'"不过，这种把某种发明定于一人做法，大多只是反映了人们的一种愿望而已，不足深究。

笙在殷、周时期就已流行，《诗·小雅·鹿鸣》有云："我有嘉宾，鼓瑟吹笙。"又，周时有笙师，执掌音乐，《周礼·春官》

谓："笙师：掌教龡竽、笙、埙、籥、箫、篪、篴管、舂牍、应、雅，以教祴乐等。"

笙由簧片、簧管、笙斗、吹口和腰箍等部件构成。常用的有 13 簧、14 簧等几种。古有匏笙、巢笙。匏笙以匏为座；巢笙为大笙，其簧管多达 19 根。又有芦笙，为苗、侗、水、彝、仡佬、拉祜等民族的簧管乐器，形制较为简单。

笙的声音，浑厚、优美、典雅。笙与磬配合，奏出的声音和谐美妙，故有"笙磬同音"之语。《诗·小雅·鼓钟》曰："鼓瑟鼓琴，笙磬同音。"毛《传》谓："笙磬，东方之乐也。同音，四县皆同也。"郑《笺》："同音者，谓堂上堂下，八音克谐。"后用以比喻人际关系的融洽。《旧唐书·房玄龄杜如晦传赞》曰："笙磬同音，惟房与杜。""笙磬同音"便由此生发为一种祝吉语，比如祝夫妻和谐、友朋融洽。

又，笙与"升"音同，谐音取意，多用于吉祥图案，表示升腾、发达的主题。此类图案如"平升三级"，为花瓶中插三枝戟，旁边配笙的纹图，应用于画稿、文具、家具、什器等。

磬

磬为传统敲击乐器,属八音中的"石"。磬起初为玉、石雕成。《尚书·禹贡》云"泗滨浮磬",孔安国《传》谓:"泗水涯水中见石,可以为磬。"后又以金属铸磬,宋王黼等《博古图》曰:"今兹之磬,非玉非石,乃铸金而为之。"

磬的发明者众说纷纭。《事物纪原》卷二谓:"《说文》曰:'无句氏作磬。'《世本》亦云。又曰:'磬,叔所造,不知何代人。'《古史考》曰:'尧时人也。'《乐录》曰:'磬,叔所作。'《礼记》曰:'叔之离磬。'《皇图要纪》曰:'帝喾造钟磬。'《通礼义纂》曰:'黄帝使伶伦造磬也。'"

磬的形状如折尺,故旧有"磬折"一语,比喻乐声之悠扬婉转,也指身体偻折如磬。磬的起源亦较早,周时设有磬师,与笙师一样,也是职掌音乐的,只不过所司为敲编磬、编钟,教缦乐、燕乐。我国古磬大体有两种,一为"持磬",也叫"持悬磬",因仅悬挂一面敲奏,故称;一为"特磬",一为"编磬",由许多不同音阶的磬,有序编排悬挂在"月"形木架而成。常见的编磬由16枚组成。

此外,佛寺的法物有磬,为状如云板的鸣器,用来敲击以集合僧众;又有钵形的铜乐器,亦称磬。另,佛寺中的渔鼓（俗称"木鱼"），有时也称作"鱼磬"。

磬为"五瑞"之一，亦为"八宝"之一，其本身便有吉祥寓意。笙与磬合奏，称"笙磬同音"，为祝颂和谐融睦之词。磬又与"庆"同音，敲打磬的"击磬"与"吉庆"同音，故而常被用来表现吉庆、喜庆、庆祝、庆贺的意思。或用作饰物，或绘入图画。旧时，磬常作喜庆礼仪的装饰品。在吉祥图案中，单绘铜磬，称"普天同庆"；绘花瓶中插戟、上挂鱼磬的纹图，或击磬童子与持鱼童子戏舞的纹图，题"吉庆有余"。这些图案多见于家具、什器、文具、建筑等。

笏

笏是一种朝官用具，为古代官吏上朝所执，用以记事等。《宋书·礼志》云："笏者，有事则书之。"古代自天子至士，皆执笏；后世唯有品官执笏，清代始废。相传笏始于周，后来又称"手板"，《事物纪原》引《唐会要》曰："笏，周制也"；又曰："晋宋以来，谓之手板"。

笏的形制、质地，因官品的高下而有所区别，《礼记·玉藻》曰："笏，天子以球玉，诸侯以象，大夫以鱼须文竹，士竹木。"《事物纪原》曰："西魏以后，五品以上通用象牙。（唐高祖）

武德四年七月六日，诏五品以上象笏，六品以下竹木笏。旧制，三品以上前挫后直，五品以上前挫后屈；武德以来，一例上圆下方也。"

笏为官阶、职权的标志，也就是地位、财富的象征，当然受人歆美和宝重，其本身也就氤氲着祥瑞的气氛。传统文化有所谓"五瑞"，历来说法不一。有指五种玉石者，如《白虎通·文质》曰："何谓五瑞？谓珪、璧、琮、璜、璋也。"有指五种祥瑞动植物者，如汉李翕《黾池五瑞碑》以黄龙、白鹿、嘉禾、木连理、甘露为五瑞。又有"五瑞图"，其中一种就是笏、磬、鼓、葫芦、花篮。

此外，史上还传流有"满床笏"的典故。《旧唐书·崔义玄传》（列传第二十七）记载：

> 开元中，神庆子琳等，皆至大官，群从数十人，趋奏省闼。每岁时家宴，组佩辉映，以一榻置笏，重叠于其上。开元、天宝间，中外族属无缌麻之丧。其福履昌盛如此。

崔神庆是崔义玄之子，其长子崔琳官至太子少保，次子崔珪、三子崔瑶亦为高官。

不过，大概是崔家不够有名，后来这典故转移到了汾阳王郭子仪头上，说他六十大寿时，七子八婿皆来祝寿，笏板放满一床（事见《因话录》）。郭汾阳功高爵显，多福多寿，儿子尚公主，家事有趣闻（如戏曲《打金枝》），够得上"满床笏、全家福"的分量，颇能表达家门昌盛、富贵寿考的吉祥寓意。明清时期，演义郭家故实的《满床笏》，各地剧种多样，每有喜庆之事，往往专门搬演，算得上众里挑一的吉祥戏。

爵

爵本为古代饮酒器，相当于后世的酒杯。圆腹，前有倾酒的流，后有尾，旁有鋬，口上有两柱，下有三支高足。也有少数爵为单柱或无柱。

最早的爵当为青铜所铸，盛于商和西周，尤以商代最多，春秋战国时已很少见。《诗·小雅·宾之初筵》有云："酌彼康爵，以奏尔时。"又《礼记·礼器》云："宗庙之祭，贵者献以爵。"可见爵并非一般的酒器，而只适用有一定地位的人。由此延伸，爵有了另一义——爵位，《礼记·王制》云："王者制禄爵，公、侯、伯、子、男五等。"后世言"爵"，大多指爵位、爵禄。

作为礼器的爵,本身就是较高地位的象征;由此引申的爵位、爵禄,更是人们所歆羡与企盼的,因而爵便成为象征、祝愿官运亨通、飞黄腾达的吉祥物。几案陈置一尊古(或仿古)青铜爵,既标志主人地位的显赫、家道的昌盛,又可供不时赏玩。赠人以爵,祝颂的意义更加显著。

然而,爵毕竟不是多见之物,因而它更多以图纹的形式来表达意旨。单独绘爵,题为"晋爵";爵与古镜的纹图亦称"晋爵",因"镜"谐音"晋";童子向天官献爵的纹图,称"加官晋爵"。

戟

戟为古代兵器,合戈、矛为一体,兼有戈之用于钩、矛之用于刺的两种作用。《诗经·秦风·无衣》曰:"修我矛戟,与子偕作。"不过,后世戟不仅用于战阵,也见于仪仗,成了官阶武勋的象征,显贵之家往往谓之"戟门""戟户"。

所谓戟门、戟户,指可以立戟于门的人家,其门则称"戟门",其家则称"戟户"。按唐制,官、阶、勋三者均达三品,这样的人家才可以立戟于门。前文述及的崔神庆家,就是这样人家，史载其"东都（洛阳）私第门，琳与弟太子詹事珪、光禄卿瑶，俱列棨戟，时号'三戟崔家'"，可谓荣耀之极。

作为吉祥物的戟，对戟门、戟户的意义当然不无因借。同时，戟音与"吉"音相谐，可用以表达"吉祥"的意义。旧时，祝颂亲友官运亨通的颂辞有"平升三级"，表现为图案就是花瓶中插三只戟、旁边配以芦笙的纹图，见于画稿、文具、家具、什器，尤以清代瓷器为多。此外有"吉庆有余"，为插在花瓶中的戟上挂着鱼磬的纹图，这种组合不仅以图案的形式出现，也以实物的形式见于婚嫁喜事，祝颂吉祥。

鼎

鼎本为古代的一种金属烹饪器具。常见的构架为三足、两耳。《玉篇》云："鼎，所以熟食器也。"《说文解字》云："鼎，三足、两耳，和五味之宝器也。"鼎又因形制的细微差异而分成多种，如盖鼎（相对于无盖而言）、圆鼎、方鼎等。相传鼎为黄帝创始，《事物纪原》谓："《史记》《黄帝内传》《钟繇疏》皆云黄帝采首山之铜，铸鼎于荆山。此鼎之始也。"

黄帝铸鼎，不过是用以煮熟食品。后来加以附会，鼎则成为记录、旌表勋绩的礼器，传国的重器，即所谓"后至夏禹,复铸以象物。"《白氏六帖》言:黄帝作鼎三——天、地、人。禹收九牧之金,以铸九鼎"(《事物纪原》)。也就是说,上古之世,人们以鼎为特定的象征物,比如以三鼎象征三才,以九鼎象征九州。《左传·宣公三年》云:"昔夏之方有德也,远方图物,贡金九牧,铸鼎象物,百物为之备,使民知神奸。"

由此进一步发展,鼎成为镇国之宝、传国重器,为国家主权、版图等的象征,置于国都。古来"鼎祚""鼎运"等语汇,都以鼎代国,指国祚、国运。宏国大业、帝王之业,称"鼎业"。又有"问鼎"的典故,事见《左传》。《左传·宣公三年》载:

楚子伐陆浑之戎,遂至于雒,观兵于周疆。定王使王孙满劳(慰劳)楚子,楚子问鼎之大小轻重焉。对曰:"在德不在鼎。周德虽衰,天命未改。鼎之轻重,未可问也。"

鼎为传国之宝,问鼎之轻重大小,也就是觊觎王位、图谋霸业。《晋书·赫连勃勃载记》云:"自皇晋(西晋)失统,神器南移,群雄岳峙,人怀问鼎。"进而,定都或建立王朝被称作"定鼎"。《左传·宣公三年》"成王定鼎于郏鄏"指定都;南宋颜延之《三月三日曲水诗序》"高祖以圣武定鼎……"指建国。

据《史记·封禅书》记载，汉武帝时期某年夏六月，有人在山西汾阴后土祠近旁发现一尊鼎，地方官逐级报告，随后这鼎便辗转迎入帝都长安，且一路出现不少祥瑞。"公卿大夫皆议请尊宝鼎"，但汉武帝觉得河水泛滥、收成不好，"鼎曷为出哉"？有司却讲了一番道理，并认为"惟受命而帝者心知其意而合德焉。鼎宜见于祖祢，藏于帝廷，以合明应"。经此一说，汉武帝也便"制曰'可'"。无独有偶，《旧唐书·地理志》载："开元十一年，玄宗祀后土，获宝鼎，因改为'宝鼎'。"在同样的地方，唐玄宗又得到一尊宝鼎，并因此将当地县名改为"宝鼎"。

鼎既为镇国之宝、传国重器，为神器，便可由此引出许多正面意义来。如：称大力为"鼎力"，称重臣为"鼎臣"，称三公、宰相一类的高位为"鼎席"，称才能出众、罕有匹敌为"鼎能"，称豪门巨族为"鼎姓""鼎族""钟鸣鼎食之家"。这样，鼎也就成为寓意吉祥之物。

鼎自烹饪功能淡出而变成礼器等之后，便成为被尊奉的供物。太平盛世，往往铸鼎；或者逆向操作，铸鼎以标榜太平盛世。这种事情，史不绝书。比如《旧唐书·武则天本纪》记载，天册万岁二年，"夏四月，铸九鼎成，置于明堂之庭"；

中国吉祥物

《宋史·五行志》记载,"崇宁四年三月,铸九鼎,用金甚厚,取九州水土内鼎中"。《旧唐书·礼仪志》还记载了武则天所铸九鼎的名目和大小:

> 神都鼎高一丈八尺,受一千八百石。冀州鼎名武兴,雍州鼎名长安,兖州名日观,青州名少阳,徐州名东原,扬州名江都,荆州名江陵,梁州名成都。其八州鼎高一丈四尺,各受一千二百石。

实物之外,鼎也见于吉祥图案,如"山河九鼎",为山河交织之中绘有九个形状各异的鼎的纹图,意在祝颂国家的基业大盛、运祚昌达,多见于宫廷雕刻、图绘。民间铸造体积小、可玩于掌上的金鼎、鎏金鼎,既可赏玩,又可表达吉祥意义。

鼎的古典意义也衍生到了现代社会,故而当今也不乏铸鼎之举。如 2007 年,中国民族博物馆、中国收藏家协会,联合向香港特区政府赠送了"紫荆花"回归纪念宝鼎。2008 年广西壮族自治区成立 50 周年,中央人民政府赠送了"民族团结宝鼎"。

寿石

"寿石"实际上是石头的雅称。中国园林布置、山水盆景制作历史悠久,而园林或山水盆景中都少不了山的形象。这些山或叠石而成,或凿石而成,都离不了石头。寿石之雅称就是由此而来的,图画中也以此来表示。石之寿长于动植物,故名。又有"寿山石",为产于福建闽侯县县北寿山五花坑的一种冻石,这种石头有各种颜色,莹净温润,可制文具、印章及其他玩赏器具。通常所谓"寿石",当不仅限于寿山石。

我国士人等自古就有爱石之习,读读苏夫子关涉屏、砚的几首诗,不难见出。就池苑叠山用石而言,各地石料之中,太湖石(江苏太湖产)、英石(广东英德产)、建石(福建产)等最为人们赏爱。

在长期的赏玩历史中,古人总结出了上品之石的外形特点。元太祖朱元璋概括为"瘦、皱、漏、透"四字,后人又加"奇"、"丑"二字。具体来说:

瘦:顶宽麓狭,犹如壁立中天,耸然直挺,同时还棱角分明,给人亭亭玉立之感。

漏:孔洞穿连,玲珑剔透,籁鸣大成。

透:透若海绵,孔道通达,给人清幽、深邃之感。

皱：石皱而生"波澜"，不因平滑而失之呆板，给人自然之感。

丑：石丑显苍老古拙。

奇：只有奇才能尽揽众山风韵于一隅，满足人们的审美欲求。

寿石见之于园林及山水盆景，不好说没有寓意；见之于图绘，其吉祥寓意则人所追求、显而易见。传统吉祥图案中，寿石或寿石配以其他物什，往往用以祝颂人寿。比如画太湖石的纹图，题"洞天一品"。又有"五瑞图"，为寿石配以松、竹、萱、兰的纹图。而海中寿石的纹图，题"寿山福海"，寓意更为阔大。

至于祝颂长寿的吉祥图案，图绘寿石，谐音取意，则更为多见了，诸如：

长命富贵——寿石、牡丹、桃花的纹图，以用于儿童饰物和帽子最为常见。

寿居耄耋——寿石配以菊、蝴蝶和猫的纹图。

代代寿仙——绶鸟、寿石和水仙组成的纹图。

嵩山百寿——太湖石配桃、萱草、松柏的纹图。

必得其寿——木笔（玉兰）与寿石的纹图。

石敢当

传统吉祥物中,寿石之外,还有一种以石头为材质的,那就是石敢当。它是一种小石碑,往往立在人家的门口,或者立在街头巷口,碑上刻有"石敢当"三字(或刻"泰山石敢当"五字),用来辟除邪祟、镇压不祥。

石敢当在我国具有悠久的历史。关于它的记载,最早可追溯到汉代史游的《急就章》:"师猛虎,石敢当,所不侵,龙未央。"不过,这里只提到了名目,并无更为详细的说明。宋仁宗庆历四年(1044),福建莆田发现了唐代宗大历五年(770)时的石敢当,上刻"石敢当,镇百鬼,厌百殃,官吏福,百姓康,风教盛,礼乐昌"。宋人王象之的《舆地纪胜·福建路》详细记载了此事,可见石敢当在唐代已经发展成熟。后代这种风俗递相沿袭,如元陶宗仪《南村辍耕录》就记载说:"今人家正门适当巷陌桥道之冲,则立一小石将军,或植一小石碑,镌其上曰'石敢当',以伏禳之。"

石敢当又名泰山石敢当。之所以加上"泰山"二字,当然与泰山"五岳之宗"的地位有关。人们认为泰山石有独特的灵性和神力。传说汉武帝登泰山时,带回了四块泰山石,放在未央宫的四角,用来辟邪。泰山能保佑国家,泰山石保佑百姓，当然更是胜任愉快了。不过，并非冠名"泰山"的石敢当都用泰山石制成，各地石敢当大多采用当地石料而已。

就样式而言，各地各种石敢当也不尽相同，有浅浮雕的，有圆雕的，有的碑额还饰有狮首、虎头等浅浮雕，有的刻有八卦图案，有的则只刻字而无其他纹饰。

诚如文献记载和民俗考察记录所言，石敢当一般立在门口、巷口、路口等冲要之处，意在辟邪祟、厌不祥，是防御性的。这种作用后来被民众进一步延长，它还具备了驱风、防水以及造福官吏、安康百姓等作用，有了积极的意义。有的地方更是给它赋予了治病的功能，俞樾《茶香室丛钞》引用王渔洋的话说："齐鲁之俗，多于村落巷口立石，刻'泰山石敢当'五字，云能暮夜至人家医病。北人谓医士为人夫，因又名之曰'石大夫'。"现在，石敢当在民间仍有应用。

聚宝盆

传统吉祥物中的"器物"，大多是社会生活中实际存在的物什，如瓶、镜、笙、磬、钱、笏等。然而，如同动物、植物类吉祥物中有观念创造的产物，器物类也有并非实存而是臆造的，聚宝盆就是典型的一个。

三、器物篇

聚宝盆是传说中能聚生宝物的盆子。这里所说的"聚生",是说只要在聚宝盆里下了"种",它就能结出"籽"来,而且这籽还生生不息、取之不竭。比如,只要放入一粒米,盆里就会源源不断地生出米来,装满盆子,溢出盆外……放入一枚钱,也是如此。当然,这盆不仅能聚生宝物,所有的东西它都能生出来;只是谁也不会让这样的宝贝去生破砖烂瓦,生自然就要生金银财宝,所以它也就实至名归,名为"聚宝盆"。

聚宝盆是根据人的愿望创造的,因此只存在于传说之中。传说中的聚宝盆并不少见,大体上与两种类型的人有联系。一种在纯粹的民间传说中,主人公属于虚构,大多是贫寒而善良的人得到聚宝盆,从而得以维护小康家境,又肯周济贫苦;进而被贪得无厌者夺去,结果因其欲壑难填而导致家破人亡。显然,这样的传说具有明显的道德教化作用,意在劝人知足、轻财。另一种在历史人物传说中,主人公大多为巨富,其中最著名的要数沈万山。

沈万三是元末明初的江南巨富,名富(一说名秀),字仲荣,因排行老三,所以人称"沈万三"。他富可敌国,沈家有"江南第一家"之誉。朱元璋建都南京后召见他,让他献白金千锭、黄金百斤,兵甲军粮也多从沈家取用。后来沈万三因罪发配到云南,死在了那里。正史中,《明史·高后传》有关于沈

221

万三的记载，说他（名沈秀）帮助修了三分之一的南京城墙，还请求犒劳军队（夸富），结果惹怒朱元璋，要杀他，经马皇后劝谏才得以释放。

民间传说中的沈万三，比正史中这寥寥数笔要丰富多彩，其中重要的一点，就是他因得到聚宝盆而致富。清周人龙《挑灯集遗》载云：

> 明初沈万三微时，见渔翁持青蛙百余，将事铧剸，以锱买之，纵于池中。嗣后喧鸣达旦，贴耳不能寐，晨往驱之，见蛙俱环踞一瓦盆，异之，将归以为浣手器。万三妻偶遗一银钗于盆中，银钗盈满，不可数计；以钱银试之，亦如是，由是财雄天下。

聚宝盆这样的宝物，自然不是谁都可以得到的，但这并不妨碍人们对它的憧憬，由此它也就成了观念中的吉祥物。旧时商家喜爱的吉祥图案中，就有聚宝盆的纹图。简单的，图中一只金盆，盆中堆满元宝；复杂一些的，图中为一巨盆（或鼎），盆里满盛金钱、元宝、珍珠、珊瑚等物。有一种吉祥画，画中下部为聚宝盆，盆中堆积元宝，盆壁写"聚宝盆"三字；元宝上站立童子，手执写有"日进斗金"字样的令旗；

童子头上有"黄金万两"组合字；聚宝盆与童子四周，还绘有八宝如意等物。这种图案多用于画稿、家具、建筑等。

此外，旧时太湖渔家也有"聚宝盆"，即在盆中装鲤鱼、石榴、葱、万年青、竹笋等十样实物。物品说不上珍贵，但都切实有用，这才真的是"聚宝盆"了。

摇钱树

民谣有曰："摇钱树，聚宝盆，日落黄金夜装银。"由此可见，我国民间早把摇钱树与聚宝盆视作了同一类型的吉祥物。摇钱树与聚宝盆一样，都是人们观念意识的产物，现实中并不存在。同时，它们又都指向人间愿望之一——财富，只不过摇钱树似乎没有聚宝盆那样多的传说，因而少了一些玄秘神奇。

摇钱树的生财机制，与聚宝盆如出一辙：能生金钱，亦可再生，生生不息。不同的是，摇钱树上结的"果实"，原本就是金钱；摇落之后又长出来的，还是金钱。在摇钱树的创制中，民众利用的仍旧是现实中日常事物（树），并利用了其生物特点（果树每年都要结果），只是经过观念意识的加工，把这种特点放大了（不是一年一结，而是随落随生），而且指向了专门的目标（金钱）。

关于摇钱树的来历，一般以为有二。一是盛行于东汉的陪葬品——装点方孔圆钱的"福寿树"，这是可见的实物。一是文献记载，大多溯及《三国志·魏书·邴原传》裴注所引《原别传》的一段文字（《太平御览》引《邴原别传》略同）：

> （邴）原尝行而得遗钱，拾以系树枝。此钱既不见取，而系钱者愈多。问其故，答者谓之"神树"。原恶其由己而成淫祀，乃辨之，于是里中遂敛其钱以为社供。

这邴原没想到自己无意中的拾金不昧，造就"神树"而形成"淫祀"，于是出面辨明缘由，终结了这"神树"。然而，"神树"的形成，却惟妙惟肖地反映了大众心理：树结果子钱，结钱的必定是不同寻常，因而也才有后来者锦上添花，在树上挂满了铜钱。取掉树上的钱不难，终结人们心中"结钱"的神树却难上加难。因此，摇钱树还是"社员心里扎下根"了。

现实生活中，生钱的摇钱树并不存在，但这并不妨碍人们按照自己的愿望来设计、制作它。在传统节俗活动中，就有独特的摇钱树。

清人富察敦崇《燕京岁时记》"摇钱树"条记载，旧时北京岁末有制作"摇钱树"以祈年之俗，人们"取松柏枝之大者，插于瓶中，缀以古钱、元宝、石榴花等，谓之'摇钱树'"。古钱、元宝，自然是钱；石榴多籽，石榴花也就寓有"多"的意思——松枝柏丫，金钱多多，自然是"摇钱树"了。

　　此外，传统民间工艺品中，也常可见到摇钱树的身影。传统年画里的"摇钱树"，往往是一棵挂满铜钱的大树，树下几个童子，有的持竹竿打树上的铜钱，有的拾地上的铜钱，有的抬着满筐的铜钱。南京高淳的木雕"摇钱树"，则是两树并列，分别密缀铜钱、元宝，各有孩童攀折，树下以木铲、簸箕、推车收储。

四、神人篇

福神

　　我国传统有"五福"之说,典籍与民间所谓不一。"上古之书"《尚书》,其中的《洪范》一篇提及五福六极等,云:"五福:一曰寿,二曰富,三曰康宁,四曰攸好德,五曰考终命。"到了东汉,桓谭《新论》有了新的说法,其《辨惑》篇云:"五福:寿、富、贵、安乐、子孙众多。"不仅内容有了变化,用语也简明多了。不过,后世民间所谓"五福",说得更为简洁明了:福、禄、寿、喜、财。

　　无论典籍记载还是民间观念,所谓"福",包蕴都很广,富贵寿考、安乐无忧、子孙众多种种,都是"福"。而民间又单拈一个"福"字出来,与其他几福并而列之。由此可知,这"福"便有些"大而无当",不免含糊。缘此,民俗信仰

四、神人篇

中的福神,也就不像财神、寿星那样分明确切。

宋时民俗,或以真武(即真武大帝,道教大神之一)为福神。宋洪迈《夷坚志补》"贾廉访"条记载,有个叫商懋的,行善积德,做了不少好事。后来得了伤寒,"惛不知人者数日",忽然苏醒,讲了他在阴间所见。还阳途中,他允任巡按使,处理了不少事情:

> 懋至门外,一吏持符,引卒徒数百,若迎新官者,白云:"泰山府君以君刚正好义,抵阴府不应空回,可暂充贺江巡按使者。"吏导行江上空中,所至庙神参谒,主者呈文簿,懋一一诘责,据案剖判。别一主者前进曰:"某神奉法不谨,误溺死人。"懋即判领至原地头诛戮。迤逦到封州大江口,吏曰:"事已毕,福神来迎公可归矣。"懋还贺州所居,从屋飞下,汗浃背而寤。其妻方挂真武画像于床头,焚香祷请,盖福神之应云。

后来又有说福神为阳城者。据《新唐书·阳城传》记载,阳城字亢宗,定州北平人。他为人"谦恭简素,遇人长幼如一"。唐德宗时,阳城担任朝廷谏官,直言敢谏,被贬为道州刺史。道州多侏儒,按此前的规定,每年都要进贡朝廷。

阳城不忍贫民骨肉分离,上奏朝廷,说是"州民尽短,若以贡,不知何者可贡",皇帝遂罢侏儒之贡。当地人感戴阳城的恩德,立祠祀之。至元明时,阳城被讹为汉武帝时人,名杨成。《三教源流搜神大全》卷四载:

> 福神者,本道州刺史杨公,讳成字。昔汉武爱道州矮民,以为宫奴玩戏。其道州民生男,选拣侏儒好者,每岁不下贡数百人,使公孙父母与子生别。有刺史杨公守郡,以表奏闻天子云:"臣按五典,本土只有矮民,无矮奴也。"武帝感悟省之,自后更不复取。其郡人立祠绘像供养,以为本州福神也。后天下士庶黎民皆绘像敬之,以为福禄神也。

不过,作为福神,无论真武还是阳城,在晚近民间并不怎么流行;而见之于种种日常或仪俗活动的福神,则是那位一品冠服的官人,他就是天官。

天官

古代中国集大成的礼制典籍《周礼》,分设六种官职(所谓"六官"),以冢宰为天官,乃百官之长,统领百官。这

四、神人篇

个官职，后来发展成为封建时代中央六部中吏部的长官，主要执掌官吏的升迁贬黜，俗语谓之"吏部天官"。民俗文化诸神人中，天官的吉祥意义与之不无关系，但却主要指道教三官中的"天官"。

道教所谓"三官"，即天官、地官、水官，是道教中地位颇高的大神。三官神并非日月星辰之神，但显然源于原始宗教对自然神的崇拜。据《典略》记载，东汉时，早期道教吸收了传统的民间信仰，奉天、地、水三官为主宰人间祸福的大神。关于三官的来历，后世说法不一，《蠡海集》等认为三官起源于金、水、土三气，《历代神仙通鉴》则说三官乃从元始天尊口中吐出，下降人间，即尧、舜、禹三位上古人物，后封为三官大帝。

在民间流传比较广泛的，是《三教源流搜神大全》记载的故事，即三官为陈子祷与龙女所生。《三教源流搜神大全》（卷一）云：

> 每至三元日，三官考籍大千世界之内、十方国土之中，上至诸天神仙升临之籍、星宿照临国土分野之簿，中至人品考限之期，下至鱼龙变化飞走万类蠕动生化之期，并俟三官集圣之日，录奏分别。随业改形，随福受报，随劫转轮，随业

生死，善恶随缘，无复差别，宜悉知之。上元一品天官赐福紫微帝君（正月十五日诞生）；中元二品地官赦罪青灵帝君（七月十五日诞生）；下元三品水食解厄旸谷帝君（十月十五日诞生）。

关于三官的品行，《历代神仙通鉴》谓皆"为昂藏丈夫，元始语以玄微至道，悉能通彻"，又说元始天尊要三官"下降人间，必须以德相传，使后世知揖让之美"。

三官中以天官为尊，是道教的所谓"紫微帝君"，职掌赐福。到了近代，民间遂以天官为福神，与禄、寿二神并列。

天官之像常见于民间年画、版画以及衙署壁画等。最著名的画题是"天官赐福"（亦称"受天福禄"）。这一画题最晚在五代时已出现，清俞樾《茶香室三钞》引《宣和画谱》云："五代时人陆晃有'天曹赐福真君'像一帧。然则今所称天官赐福者，亦有本矣。"

天官赐福图，画面多为天官身着红袍立于海崖，手持一轴诰命，上写"天官赐福"或"受天福禄"四字，或加蝙蝠、小儿图样。旧俗，庆祝寿诞时，多在"吉庆有余"图之下绘此图纹，周围配列灵芝以及杂宝之类，用以祝寿。又有"指日高升"，为天官指向太阳的纹图，常见于旧时官衙壁上；"加官晋爵"，为童子向天官献爵的纹图。

不能不提的还有加官戏。旧时的戏园里，正戏开始之前，有时候要先来一段加官戏，俗称"跳加官"。清末同光以来，跳加官相沿成俗，很是流行。除了戏园子，官民的喜庆堂会上，正戏开演前，定要上演加官戏。如果正戏中间有达官显贵等到场，不论台上演至何处，都要搁过一边，改跳加官，以示恭迎。主人、来客无不钟情"加官"，加官戏也就不惮烦大跳特跳了。

加官戏只有一个演员，"去"的就是天官。一般身穿红袍，戴"加官脸"（满脸堆笑的假面），手持巨大朝笏。演出时，演员走上戏台，笑意盈盈，不说不唱，绕台三周即下场。再上场时，抱个道具小孩，同样绕场三周即下。最后出场时，边舞边做，展示手中所持红色锦幅，幅上"加官进禄"，然后绕场三周退场。简化版的加官戏，则只表演最后出场的桥段。

禄神

"禄"的一般意义，指俸禄，亦即做官所得的薪水。俸禄多少又与职位高低有关，因此禄也指禄位，也就是官位。而"禄"字最原始的意义是福，《诗经·商颂·玄鸟》就出现过"百禄"，而这"百禄"实际上就是百福。由此可以想见，后世禄神除禄食之外兼职掌管别的事情，也就毫不奇怪了。

传统上有"福禄寿三星"之说,而禄星确曾是真实存在的星辰。《史记·天官书》云:"文昌宫……六曰司禄。"这是说,文昌宫的第六颗星叫作"司禄",掌管人间的禄食。缘此,后来以神人面目出现的禄神,有时也称作"禄星"。

一如福、寿二星,禄星后来也形象化、人格化了,只不过其渊源同样不甚明了。有的说他与送子的张仙有关,但这与禄神的职司相去甚远。不过,图绘、模塑的禄神,倒确实与送子有关:员外打扮,怀抱婴儿,头插牡丹花(或画牡丹等)。民众的这种设定并不难以理解:传宗接代乃国人第一需要,因此不仅禄神,许多神明都被赋予了送子的责任,禄神多一份儿兼职,也没有辱没他老人家。

对禄神的奉祀,与对福、寿二神大体相同。在民间年画、瓷塑等艺术表现中,三吉星往往一齐出现,其中禄神的形象如前所述,怀抱婴儿,或者手牵婴儿。而在众多表示有"禄"的寓意的吉祥图案中,禄神却较少出现,而大多是以"鹿"谐"禄"之音,由鹿来表示禄的意思。

魁(奎)星

长期以来,走读书谋生、求财、做官的路,是国人的普遍

四、神人篇

选择。书生、士子所奉的神明，也就不止一尊。如果说禄神更主要地指向已得官禄者，那么，魁星就主要服务于读书人了。

魁星的前身为奎星，是二十八宿中西方白虎七宿的首宿。奎星共有16颗星，它们的关系"屈曲相钩，似文字之画"（《初学记》引《孝经援神契》），所以后来人们把它和文章、文运联系起来。古人于此，喋喋不休："奎主文昌""奎主文章""奎为文章之府"。

由奎星发展而来的魁星，是北斗七星的第一颗（也有说是第一至第四颗的），原本也是星辰。魁星并无主宰文运的记载，其功能系从奎星转化而来。不过，这个转化的过程也不正常，可谓"以讹传讹"。

一般的说法是：人们立庙奉祀奎星，却无法将星宿变成人格神的形象，便改为"魁"；而"魁"也不好表现，于是把"魁"字拆将开来，画成鬼抢夺酒斗或飞起一脚右转踢斗的形象。就这样，魁就代替奎，成为主管文运的神明。尽管历史上有过奎主文运、立庙祀之的明确记载，尽管也有人指出魁乃讹化而来，人们对魁星的崇拜却从未削弱。

读书人对魁星的崇拜表现得丰富多彩。旧时，学宫里大多奉祀魁星，供奉"魁星图"。图中的魁星，形似鬼魅（这显然是由"魁"字中的"鬼"而来），蓝面赤发，一脚向右跷起,好像"鬼"字的弯钩;一脚金鸡独立,下踩鳌鱼,表示"独占鳌头";一手捧斗,一手执笔点斗,表示"魁星点斗"。而鬼一脚向右弯起踢斗的形象,则叫"魁星踢斗"。

俗信以为魁星能带来好运气。传说看到魁星像可得高中,梦见魁星能夺锦标。明人陆深《俨山外集》里,曾描写士子在座右贴魁星图以及考场上出售魁星象的情形。相传七月初七是魁星的诞辰,旧时还有读书人在这一天"拜魁星"的习俗。宋周密《癸辛杂识》还记载云:当时考中状元,朝廷"送镀金魁星杯样(盘)一副"。

在旧日的社会,"万般皆下品,唯有读书高",对魁星的信奉也便异常突出。人名之中,用到"魁"字或"奎"字的,绝不少见。划拳的"五魁首",实际上即"五经魁首"——古代以《诗》《书》《礼》《易》《春秋》五经科考取士,每经的第一名称"经魁",五种经书的第一名就是五经魁首。此外,旧时魁星阁、魁星楼、魁星殿所在多有,且都建得雄伟壮观。这些殿堂楼阁并不一定奉祀魁星,但肯定经常有读书人出入。现在,要找题名"魁星楼"的酒楼饭馆怕也不难,望子成龙者拜魁星也不乏其人。

四、神人篇

寿星

寿星本为星辰，指二十八宿中的角、元二星，《尔雅·释天》云："寿星，角元也。"郭璞《注》谓："数起角元，列宿之长，故曰寿。"或指南极老人星，《史记·天官书》云："（西宫）狼比地有大星，曰南极老人。"前一种意义上的寿星仅见于天文学之中，后世所奉祀的寿星实指南极老人星。

关于南极老人星，古籍颇多记载。从文献可知，从周秦开始，历代都有奉祀作为星辰的寿星的活动。《通典》云："周制，秋分日享寿星于南郊。"秦有寿星祠，专用于供奉寿星。《史记·封禅书》云：秦并天下，"于杜、亳有三社主之祠、寿星祠"。至东汉时期，祭祀寿星与敬老活动联系了起来。《后汉书·礼仪制》曰："仲秋之月，年始七十者，授之以王杖，哺之以糜粥。八十、九十，礼有加赐。王杖长九尺，端以鸠鸟为饰。鸠者，不噎之鸟也，欲老人不噎。是月也，祀老人星于国都南郊老人庙。"以后，奉祀寿星都被历代皇朝列入国家祀典，至明初始废。

寿星的职事，最初为国运之长久短暂，也就是国之寿。《史记·天官书》曰："老人见，治安；不见，兵起。"郑守节《正义》谓："老人一星……为人主占寿命延长之应。见，国长命，故谓之寿昌,天下安宁;不见,人主忧也。"后被视做人间寿夭之神,现在提及寿星,一般都是在这个意义上使用的。

在祝贺寿诞的文辞中,多用到寿星。首先,寿主被称作"寿星",引申而长寿之人也常以"寿星"称之。元人方回《戊戌生日》诗云:"客舍逢生日,邻家送寿星。"其次,寿联、寿幛中多以寿星贺寿,如寿联:

福临寿星门第,
春驻年迈人家。

鹤飞瑶阶来仙祝,
瑞霭锦屏见寿星。

寿幛有"南极寿翁""寿星在目"。同时,寿星也常见于图绘、模塑。

要说的是,后世所谓寿星,已经不再是星辰,而是神仙。其形象大多为白发长眉老翁,头长,额高且突出,拄着弯弯曲曲的长拐杖(俗说拐杖直而短于人身,不祥),杖上时或挂一盛灵丹妙药的葫芦。《西游记》第七回写道:"霄汉中间现老人,手捧灵芝飘蔼绣,长头大耳短身躯,南极之方称老寿——寿星又到。"

在民间年画中，常可见到寿星的形象。以这种纹图所作之画，亦可用于祝寿。寿星也常被模塑，其质地以泥、瓷为主。旧时，陕西凤翔有"福禄寿"三星泥塑，三体并连，绿、红、黄三色并列，构成一件完整的装饰品，成为不可分割的幸福标志。现在，亦常可见瓷塑寿星，仍然是祝寿的上好礼品，也可用于几案陈设，以寄健康长寿之意。

喜神

在民间诸神人中，喜神是不多见于经传的，同时其形象也不见于图绘。不过，在民间礼俗活动中，他又确确实实为人所奉祀。当然，喜神产生的心理基础是再明了不过——人们的心理皆为趋吉避凶，希冀欢乐而厌弃烦恼，由此便生出一个喜神来。

奉祀喜神，常见于礼俗活动中，尤以婚嫁为最。旧时成婚，新人坐立须正对喜神所在的方位，以求一生多喜庆之事。喜神所在方位变幻不定，要请阴阳术士指明。据清乾隆时敕撰的《协纪辨方书》载："喜神于甲己日居艮方，是在寅时；乙庚日居乾方，是在戌时；丙辛日居坤方，是在申时；丁壬日居离方，是在午时；戊癸日居巽方，是在辰时。"择定方位，新娘上轿时，轿口须对准喜神所在方位少停一刻，称"迎喜神"。

喜神奉，也见于岁时活动。华北等地区，有新正第一天"迎喜神"的习俗，也是对着喜神所在方位，在一定时辰出迎，焚香，鸣鞭炮，并赶猪羊等，效古时牲牢飨神之举。胡朴安《中华全国风俗志》记顺天此俗云："农村初一清晨，牵驴一头，随喜神方位驱之，谓之'迎喜神'。"清雍正山西《石楼县志》亦载："遇首吉（初一），出门携酒肴、香炮，罗拜坐饮，谓之'迎喜神'。"

此外，就是还有一种"走喜神方"的习俗，也见于新正元日。民国重修四川《宣汉县志》载："正月元日鸡初鸣时，祀喜神于其方，曰出天行。"近人何韫若《锦城旧事竹枝词》有《游喜神方》，自注谓："正月初一出行，有游喜神方之说。……每年正月初一，成都人联袂出游喜神方，即参拜武侯祠，若干年来已成惯例。"《北平风俗类征·岁时》引《京华春梦录》亦云："院中有俗，元旦黎明，携帕友走喜神方，谓遇得喜神，则能致一岁康宁。"可见特殊职业者也是从俗如流的。

财神

自从进入私有制社会以来,财富就成为人们追求的重要对象。民间旧时所谓"五福",其实大多落在财上:财自然与禄是紧密联系的,有财也便有福气,得钱财算是喜事。基于这样的社会基础,人们必然会创造出财神来,社会各阶层普遍信仰财神也就理所当然了。

不过,因时代、地方的差异,人们奉祀的财神也不尽一致。大体说来有以下几种:明清以来,民间所奉财神除赵公明外,北方又有"五显神"(亦称五哥),或谓即南方之"五通神",亦称"五圣";又有"五路神",其意取出门五路皆得钱财;还有"五盗将军",以盗神为财神。利市仙官也是财神,近代所奉财神像多配之,《破除迷信全书》(卷十)云:"俗传利市仙官是一使人发财的神,我国北方,每届新年,必将利市仙官的像贴在门上,以求吉利,商人更是如此。"

近代以来,又兴文、武财神之说,以殷代忠臣比干为文财神,关帝为武财神。此外尚有"四方八面一个中"——王亥居中之外,东南西北正四方,分别是文财神比干(东)、范蠡(南),武财神关公(西)、赵公明(北);其他偏四方分别是:西南端木赐、东北李诡祖、东南管仲、西北白圭,财神一大把了。

财神之纷纭繁复，诚如《集说诠真》所言："俗祀之财神，或称北郊祀之回人，或称汉人赵朗，或称元人何五路，或称陈人顾希冯之五子，聚讼纷如，各从所好，或浑称曰财神，不究伊谁。"但这种"聚讼纷如"则绝妙地反映了人们对财富的迷恋。

在种种传说之财神中，影响最大的要数赵公明了。元明以来，俗传赵公明曾受天帝之命为张天师守护炼丹炉，故传其为秦人，得道于终南山，《三教源流搜神大全》称其头戴铁冠，手执铁鞭，黑面浓须，身跨黑虎，能"驱雷役电，呼雨唤风，除瘟剪疟，保病禳灾，元帅之功莫大焉。至如诉冤伸抑，公能使之解释公平；买卖求财，公能使之宜利和合。但有公平之事，可以对神祷，无不如意"，故而天帝封其"上清正一玄坛飞虎金轮执法赵元帅"等号，民间称之为"赵公元帅""赵玄坛"。这里的赵公明，本来是职掌颇多的大神，但因财富于人的重要性以及赵氏有助于买卖求财的特性，便被奉为财神。

财神是我国民间各阶层谨慎奉祀的神灵，日常奉祀有之，节庆期间则更为突出。旧时年节期间，人家多要张贴财神画像。又俗说"阴历正月初五日是财神生日，商家都要循例买鱼肉三牲，水果，鞭炮，供以香案，迎接财神。正当买卖固然如此，近世彩票盛行，无论买者卖者，对于赵玄坛，更要百倍的恭敬。此外还信玄坛的两位使者，一个是招财，一个是进宝，都配受同等的供养"（李干忱《破除迷信全书》）。

财神的画像，一般都是跨虎执杖，铁冠长髯，多见于民间年画、版画等，招财、进宝二童子的画像亦见于年画、版画。此外，民间年画还多见合刻文武财神，上关下赵，可谓"文武全财"了。

门神

门神是中国民间普遍信仰的神灵，具有广泛的影响。旧时，人们图绘门神画像，张贴于门框或门扇，以求驱辟邪祟，保障家宅平安。因而，门神也算是古代的吉祥之神。

关于门神，民间的说法颇多，五花八门，不一而足。其发展的基本线索大略是这样的：

首先，最初阶段奉祀门户，其对象只是一般的灵物，并无具体所指。先秦时代有所谓"七祀""五祀""三祀"等，所祀诸如中霤、门户等。《礼记·丧大记》"君释菜"，郑玄《注》谓"礼门神也"。这里的门神当为泛泛而言，为后世门神观念的先河。西汉时,广川王刘去疾殿门有古勇士成庆画像,短衣、大裤、长剑,此当为门神之滥觞。

其后,门神被附会于神荼、郁垒的说法流行开来。神荼、郁垒为神话传说中的人物,具有捉鬼的神通。《风俗通义·祀典》引《黄帝书》云:"上古之时,有神荼与郁垒昆弟二人,性能执鬼,度朔山上立桃树下,简阅百鬼,无道理妄为人祸者,荼与郁垒缚以苇索,执以食虎。"故而当时及以后一段时期,有画二神形象于门以驱鬼辟邪之俗。《荆楚岁时记》称:元旦日,人家绘二神贴户左右,披甲持钺,左为神荼,右为郁垒。自唐以后,守卫门户的责任多由武士门神等承当,但宫廷及贵家除夕则挂神荼、郁垒形象,其俗一直沿袭到清代;民间的武士门神画像上,也往往标有神荼、郁垒的名字。

神荼、郁垒之外,另一系列的门神,主要是武士门神。武士门神大多附会历史人物,但一例众说纷纭,其中最有名的要数秦琼、敬德。秦琼、尉迟恭(字敬德)为唐代名将,他们充当门神的故事始见于《西游记》等书,其内容当主要采自民间传说。书中写道:

魏征梦斩泾河老龙后,宫中夜间有鬼物惊扰唐太宗。秦琼、敬德自告奋勇,披挂甲胄,

四、神人篇

执金瓜钺斧，把守宫门。二人"头戴金盔光烁烁，身披铠甲龙鳞，他本是英雄豪杰旧勋臣，只落得千年称门尉，万古作门神。二将侍立门旁，一夜无晚，更不见一点邪祟。太守又不忍二将辛苦，召巧手丹青，传将真容贴于门上。夜间也即无事"。

近代民间流行的门神画像，便大都为秦琼、敬德二将军。

此外，流行于苏州地区的武士门神还有岳飞、温峤，《集说诠真》引《吴县志》云："门神彩绘五色，多写温、岳二神之像。"小说《三国演义》《封神演义》《孙庞演义》中的赵云、赵公明、燃灯道人、孙膑、庞涓，也曾充作武士门神。民国期间的《民间新年神像图画展览会》云："民间想象又以其他声名赫烈之英雄附会为门神，如今河南有以赵云为门神，分画其形象于二纸者。吾人又能于此组中认出赵公明与燃灯道人及孙膑与庞涓。"

除武士（武将）门神外，民间还曾有文官门神。其缘起，也与唐太宗有瓜葛：秦琼、敬德守了前门，鬼物又到后门去闹。谁去把守后门？徐茂功（太宗赐姓李，又因避讳，史上亦作"李勣"）推荐了魏徵。如此这般，魏徵便"手持利刃，两眼圆睁"，守了后门。此外，殷商的比干、三国的孔明（诸葛亮）、唐朝的郭子仪、五代的窦燕山（窦禹钧），也都做过文官门神，但都未能风行。

又有祈福门神。起初，人们在武士门神画上添画"爵、鹿、蝠、鹊、马、元宝、瓶、鞍"等吉祥物，表示"爵禄福喜，马报平安"之意，后来更有专以天官、状元、福禄寿星、和合二圣、财神等为门神者。从捉鬼门神到祈福门神，惟妙惟肖地反映了人们从消极避祸到积极祈福的心理过程，以及社会生活的转化。

门神虽是我国最为重要的神祇之一，但从无庙祀，有的多是春节时张贴神像。一般是院门贴武士门神，屋门贴祈福门神，前者镇宅，后者祈福。晚近还有女性武将门神画，如穆桂英、梁红玉，则可以贴在闺秀屋门。甚至于牛棚马圈也不落空，孟良、焦赞之类身份较低的门神，就成了其间的主角儿。

灶神

灶神亦称灶君，唐以后民间又称之为灶王、灶王爷。灶神是我国民间普遍信奉的神明，上自天子、下至庶民，家家户户无不供奉。灶神所以被普遍信奉，当然与其司灶之职不可分割，同时也因为这尊颇近人间"烟火"的神灵还有许多其他职司或曰本领。

我国古时有"五祀"，所祀为土地、井、门户、道路、灶火等神灵，都与人们的饮食居处密切相关。《礼记》载，先秦时天子"七祀"、诸侯"五祀"，均有灶；庶士、庶人"一祀"，或为门户、或为灶，可见其时已有灶神信仰。两汉时期，无论民间还是宫廷，灶神信仰更加流行。

灶神信仰的渊源，当然是对灶、对火的自然崇拜，后来则逐渐附会于人物。其说大略有二。一是视炎帝、祝融为灶神。《礼记·月令》云：孟夏之月，"其帝炎帝，其神祝融，……其祀灶"；《淮南子·氾论训》既谓"炎帝作火，死而为灶"，（高诱《注》曰："炎帝神农，以火德王天下，死托祀于灶神。"）又说"祝融吴回，为高辛氏火正，死为火神，托祀于灶"。这里的炎帝、祝融，都是与火有关的上传说物，透露出其时祀灶敬火的信仰特点。另一种，是以老妇人为灶神奉祀。人们认为祭祀旨在报德，祭灶就是为了报答先灶之德，故祭老妇人。

两说种说法中的灶神，就性别而言，或男或女。后来男尊女卑观确立，灶神为男，另配灶王奶奶，并有六个女儿和若干属神。唐段成式《酉阳杂俎》记云：

> 灶神名隗，妆如美女。又姓张名单，字子郭。夫人字卿忌，有六女皆名察洽。……其属神有天帝娇孙、天帝大夫、天帝都尉、天帝长兄、硎上童子、突上紫宫君、太和君、玉池夫等。

顾名思义，灶神职掌灶火，主要应该掌管饮食居处。但在传承过程中，灶神所司的范围逐渐扩大，以至掌握人的寿夭祸福，无所不能。汉时，灶神便有了司察人间过失以告上天的职责，进而又有了天帝派驻人间全权监察代表的身份，成为各家各户的主要家神。东晋葛洪《抱朴子·微旨》即云："月晦之夜，灶神亦上天白人罪状。大者夺纪，纪者三百日也；小者夺算，算者三日也。"这是说，灶神向上天告发人间罪状，进而以虢夺寿数来施加惩罚。

对于灶神的职司或曰功用，后世道书祖述葛仙翁，讲得神乎其神。明之际的《东厨司命灯仪》称，"灶神职重，秉下民倚伏之权""迭主阴阳，虽善善恶恶，均在修为；然是是非非，必恭记录"。清代的《敬灶全书》，其中有云："灶君乃东厨司命，受一家香火，保一家康泰；察一家善恶，奏一家功过。"有趣的是，民间还有祭灶神求子的习俗：送灶神上天的时候，久婚不孕之家礼事灶神，嘱其"回宫降吉祥"时，在马尾巴上拴个胖小子来。这样，灶神几乎成为万能之神。

四、神人篇

灶神亦无庙祀，一般贴挂神像供奉。传统上多以腊月二十三（北方）、二十四（南方）祭灶。《北平风俗类征》引《食味杂咏注》云："岁除祀灶，南北俗无不用糖，又加糯米团子，大小户皆然，云以之粘灶神口，则不于玉皇前言人罪恶。"这就是所谓"糖瓜祭灶"了。祭品有时还有清水草豆，是给灶神所御神马的。又，旧俗禁妇女祭灶，俗谚所谓"男不拜月，女不祭灶"。祭灶贴灶神像，祭毕揭下，与纸元宝、钱票等一起焚化，到除夕接神时，再贴新的神像供奉。

关帝

在我国民众信奉神明里，最有研讨意义的怕要算是关帝了。关帝的全称是"关圣帝君"，雅号还有"伏魔大帝、协天大帝、盖天古佛"等，俗称"关老爷"；因籍贯山西，所以有时候也叫"山西夫子"。

关帝的原型，尽人皆知，就是三国时的历史人物关羽。据陈寿《三国志》记载，关羽字云长，河东解州（今山西运城）人，是三国时期蜀国大将，封"汉寿亭侯"；死后谥"壮缪"，故后世亦称"关壮缪"。不过，今天人们对关羽的了解，则大多来自小说《三国演义》。在这部小说里，关羽已经被神化，他不仅武艺高强,有过五关斩六将的事迹;同时德行高尚,是忠义的化身,所谓"汉朝忠义无双士,千古英雄第一人"(湖北当阳关陵楹联)。

关羽起初并无多大的影响,后来名头却越来越大,称"君"、称"帝"。在唐代,关羽开始成为人们称颂的人物。宋代,朝廷封他为"义勇武安王"。明代又加封号,并与"文圣人"孔子并列而称为"武圣人"。到清代,对关帝的信仰、崇拜达到顶峰,几乎每个像样的村落都有关帝庙;相传晚清民国年间,北京城内外就有关帝庙二百多座。在这一过程中,佛、道两家也接纳了关羽。佛教尊关羽为关公,列为"伽蓝护法";道教则尊为"三界伏魔大帝神威远震天尊关圣帝君"——"帝君"是道教最高神的尊号,一如"元君"之尊女神。

关羽从本来并不怎么著名的历史人物,一跃而成为受人普遍崇拜的神明,这中间的原因很多。可以说,最主要的原因,是关羽的德行与我国传统伦理道德的契合;他的神化,实质上是一种伦理道德化;他的神力,也是德行的延伸。

在民间,关帝是少有的全能神人——赐福禄、佑科举、治病消灾、驱邪避恶、诛叛讨逆,乃至招财进宝、庇佑商贾,几乎是无所不能。除普通民众之外,关帝还被许多行业奉为行业保护神,这类行业有二十多个,诸如描金业、皮箱业、

四、神人篇

皮革业、烟业、香烛业、绸缎商、成衣业、厨业、盐业、酱园业、豆腐业、屠宰业、肉铺业、糕点业、干果业、理发业、银钱业、典当业、军人、武师、教育业、命相家，等等。

既然如此重要而又无所不能，人们对关老爷的奉祀当然也就非常尊崇。有学者统计指出，旧时全国关帝庙的数字相当可观，在各类庙宇中纵然不拔头筹，也定居第二。明人刘侗、于奕正的《帝京景物略》说："关庙自古今，遍华夷。"关帝庙也叫"关王庙、关圣庙"，简称"关庙"，俗称"老爷庙"，是单独奉祀关帝的庙宇。关庙之中，最为著名的是关羽家乡山西运城解州西关的关帝庙，有"关庙之最"的称誉。此外，关帝还与其他的神人合祀，比如武庙与岳飞合祀，三义庙与刘备、张飞合祀，五虎庙与西蜀五虎上将的其他四位合祀，七圣庙与赵公明、土地爷等六位神祇合祀。关老爷的形象一般为武将装束，红脸长髯，身边青龙偃月刀，威风凛凛。

关帝不仅庙多，崇祀活动也多，日常不断，节日则更为隆重。其中最隆重的活动是关帝庙会。这种庙会多在春节、五月十三（相传为关帝诞辰、关公单刀赴会之期）、六月二十四（关公诞辰的又一种说法）举行，尤以五月十三为最。庙会会期不等，有一天的，有五月十一到十三共三天的。庙会内容各地不一，大体有：讲香礼拜祷祝，《中国全国风俗志·江苏六合》说:"(五月)十三日乃关帝诞辰,官民祭享,演戏建醮,龙舟游舫如(五月)五日";演戏酬神,所演多是关公戏,如《单刀会》,富察敦崇《燕京岁时记》说:"十里河关帝庙在广渠门外。每至五月,自十一日起,开庙三日,梨园献戏,岁以为常";进刀马,即制作大刀、纸马进奉于关帝庙,《帝京景物略》说:"十三日,进刀马于关帝庙,刀以铁,其重以八十斤;纸马高二丈,鞍鞯绣文,辔衔金色,旗鼓头踏导之";此外,还有繁华的商贸活动。

关帝庙会的种种仪俗,自然是在酬神、娱神,求关帝保佑平安吉祥。更直接的,人们还在关帝庙求"关帝签",据说是非常灵验的;或者把关帝塑像搬到家宅或商铺,四季设供,早晚焚香。这种习俗,现今仍然比较盛行——尤其是在商号。

西王母

西王母,又称"金母、王母、西姥",俗称"王母娘娘"。她是神话传说中的女神,又是道教和民间信仰中的女仙领袖,地位尊显。

关于西王母的来历,众说纷纭,莫衷一是。西王母信仰原本流行于西北祁连山一带,到战国时,西王母神话也在中原地区流行开来。《山海经》称西王母半人半兽，《穆天子传》等则把西王母描绘成仙人。西汉时，人们开始奉祀西王母；至东汉，她被诠解为元始天尊之女，群仙领袖，又以东王公与之匹配。玉皇大帝的信仰兴起后，人们又把她与之相匹。

与其来历诸说相对，西王母的形象也不尽一致。《山海经》云："西王母其状如人，豹尾虎齿而善啸，蓬发戴胜"（《西山经》）；"有人戴胜，虎齿，豹尾，穴处，名曰西王母"（《大荒西经》），总之是半人半兽的形象。《穆天子传》称其为雍容、善歌之妇："乙丑，天子觞西王母于瑶池之上。西王母为天子谣曰：'白云在天，山陵自出。道里悠远，山川间之。将子无死，尚能复来。'"《汉武帝内传》等，则称其为三十华年、容貌艳美的女神：

> 群仙数千，光耀庭宇。……王母唯扶二侍女上殿，侍女年可十六七，服青绫之袿，容眸流盼，神姿清发，真美人也。王母上殿东向坐，著黄金裕褊，文采鲜明，光仪淑穆。带灵飞大绶，腰佩分景之剑，头上太华髻，戴太真晨婴之冠，履玄璃凤文之舄。视之，可年卅许，修短得中，天姿掩蔼，容颜绝世，真灵之人也。（《太平广记》引《汉武帝内传》）

在古人的观念中，西王母形象最终积淀为美貌的长寿仙人。同时，她所居瑶池的蟠桃，三千年一开花，三千年一结实，是长寿仙桃。每当蟠桃成熟，西王母便邀集群仙，大开寿筵，称"瑶池集庆"。由此，民间遂以西王母及其蟠桃为祝寿的材料。在寿联，尤其女寿寿联中，常用到西王母的故实，如：

瑶池桃结千年宝，
玉井莲开十丈花。

桃熟瑶池三千岁月，
筹添海屋一百春秋。

秋色满江南，桃熟樨香，祝王母长生、灵娥不老，
春晖永堂北，萱荣梓殖，喜茂先博物、思曼清才。

西王母形象见于吉祥图案，多为群天仙给王母祝寿的图绘，称"瑶池集庆"或"群仙拱寿"，可用做寿画，亦用于屏风、扇面等物什。同时，这一主题的文人画也不少见，同样用于祝寿。

四、神人篇

麻姑

麻姑是传说中的长寿女仙。关于其渊源，众说纷纭。南宋刘敬叔《异苑》称秦时丹阳县湖侧有梅（一作"麻"）姑庙，梅姑生时有道术，为夫所杀，巫师命人祀其如神。又，人称麻姑乃后赵石勒时麻秋之女，入仙洞修道，飞升入仙（《列仙全传》）；或曰宋政和年间亦有麻姑，为建昌人，修道于东南姑余山（《古今图书集成》引《登州府志》）；或谓麻姑本名黎琼仙，为唐时放出的宫人（《古今图书集成》引《太平清话》）。

最流行且深入人心的，还是晋葛洪《神仙传》所记，以麻姑为王方平之妹。据称，东汉桓帝时，仙人王远（字方平）降于蔡经家，召麻姑至。麻姑时年十八九，顶上作髻，其余的头发垂至腰际，衣裳绚丽，光彩夺目，容貌极美，手爪似鸟。她自称已三睹沧海桑田。相传三月初三西王母寿辰时，麻姑曾于绛珠河畔以灵芝酿酒献王母。

麻姑既为仙女，又有献寿之举，故后世常用以祝寿。近人李干忱《破除迷信大全》云：世人"以麻姑是长生不死的神仙，因此每逢为妇女祝寿时，就必写出'麻姑献寿'数字，或绘出麻姑的形状，手捧蟠桃，以为祝寿的吉利。还有保险公司所刊的印件，也必绘出麻姑献寿的图画，以相号召"。此外，麻姑形象在牙骨雕、扇面画、绢画、年画中均有表现。

月下老人

爱情、婚姻是人类永恒的主题，数千年来，人类以各种各样的方式传达这一主题，婚爱之神的创设就是其表现之一。

我国的司姻缘之神，早期曾有所谓"高禖"等，但后世最为人熟知的，自然是"月下老人"，简称"月老"。

月老司姻缘的故事，见于李复言传奇小说《续幽怪录·定婚店》。其文略谓：

唐时有一个叫韦固的人，途经宋城，见有老人倚囊而坐，在月光下检读书册。韦固问老人所看何书，答曰：天下婚牍；又问囊中何物，答曰：赤绳，用来系夫妻之足。即使是仇人或者远隔千山万水，只要这红绳子系上了，两人总能成为夫妻。

韦固问自己的婚姻如何，老人说其妻现为城北卖菜的瞎眼老妇之女，才三岁。韦固前去偷看，见其丑如母，便派仆人刺女，伤了眉际。

后来，韦固任刺史王泰的参军，受到赏识，人家便把女儿嫁给了他。王女容貌端丽，只是眉间常贴花以饰。韦问其故，才知她正是自己派仆人刺伤的那个小女孩，后来被王泰收养的。韦固感叹姻缘难违，二人恩好甚笃。

从此，人们便把月老当作掌管婚姻之神，也用来指代媒妁。

在古今文艺作品中，大凡写到姻缘，月老、月下老人总是挂在嘴边、写在笔下。元曾瑞卿《留鞋记》曲云："何须月下老，则你是良媒"；明王世维传奇《双烈记·就婚》云："岂不闻月下老人之事乎？千里姻缘著线牵"；《红楼梦》第五十七回里，薛姨妈与黛玉等闲话，说道："……自古道'千里姻缘一线牵。'管姻缘的有位月下老儿，预先注定，暗里只用一根红丝，把这两人的脚绊住，凭你两家哪怕隔着海呢，若有姻缘的，终究有机会作了夫妇。"

月下老人不乏祠宇，大多称作"月老祠"。杭州西湖的月老祠，曾经盛极一时。门柱楹联："愿天下有情的，都成了眷属；是前生注定事，莫错过姻缘。"俞曲园（樾）集《琵琶记》《西厢记》成句，天然妙造，极为雅切。如今杭州栖霞岭黄龙洞的月老祠，继西湖月老祠而香火盛极，前来求签者络绎不绝。

尽管月老的形象并不多见于图绘,但还是有情人张挂供奉的。《浮生六记》的作者沈三白(复),和妻子芸娘(陈芸)生活得幸福美满。书中"闺房记乐"一卷,写到请友人绘月老像一幅,"悬之室内,每逢朔望,余夫妇必焚香拜祷"。

和合二圣

和合二圣亦称"和合二仙",是我国传统的和合之神、欢喜之神。

和合二圣始源于唐时的万回。据载,万回为唐时僧人,俗姓张氏。《太平广记·异僧部》引《西京记》(又见《谭宾录》等)云:

> 万回师,阌乡(今陕西灵宝)人,俗姓张。兄戍安西(今甘肃瓜州),音问隔绝,父母日久涕泣。回曰:"详思兄所要者,衣裳、糗粮、巾履之属,请悉备,某将往。"忽一日,朝赍所备而往,夕还其家,告父母曰:"兄平善矣。"视之,乃兄迹也。(《酉阳杂俎》谓"及暮而还,得其兄书,缄封犹湿","兄迹"即书信字迹。)

四、神人篇

弘农抵安西,盖万余里,以其万里回,故号曰万回也。

唐时,宫廷、民间皆奉祀万回,谓其能预卜休咎,排解祸难。民间称之"万回哥哥"。宋时,万回仍为人所奉祀。明田汝成《西湖游览志馀》卷二三载:"宋时,杭城以腊月祀万回哥哥,其像蓬头笑面,身著绿衣,左手擎鼓,右手执棒,云是和合之神,祀之可使人万里外亦能回来,故曰万回。"

后来,人们认为"和合"当为二神,以万回一人当之不妥,故清雍正十一年封唐天台僧寒山为"和圣",拾得为"合圣",合成"和合二圣",又谓之"和合二仙"。田汝成《西湖游览志馀》在上引文字之后,又谈及自己时代(明正德、嘉靖年间)习俗云:"杭州近俗,婚姻喜庆,俱礼和合二圣。其像二神并立,则和合之祀犹存,惟未尝目为万回哥哥。"

寒山、拾得皆为贫僧,前者"文殊",后者"普贤",就是说都有些智慧、德性。同时,二僧颇能自得其乐,"或长廊徐行、叫噪凌人,或望空独笑。时僧遂捉骂打趁,乃驻立抚掌,呵呵大笑,良久而去。……或长廊唱咏,唯言'咄哉咄哉,三界轮回'。或于村墅,与牧牛子而歌笑。或逆或顺,自乐其性"(闾丘胤《寒山子集序》)。又传二人虽为异姓而亲如兄弟。寒山年稍长，与拾得同爱一女子而未知，临婚始悉情由，乃出家为僧，拾得因此而舍女往寻寒山，探知寒山住地，乃折一枝盛开荷花前往见礼。寒山见拾得前来，急捧饭盒出迎。二人喜极，遂同为僧。

无论是万回还是寒山、拾得，他们本身都有一定的德性、道行，或能万里致归，或能和睦谐乐，故被民众奉为欢喜、和合的神人。旧时，人们以和合二圣为掌管婚姻的喜神，并有"欢天喜地"的别称。人们图绘、模塑其形象，用以祝吉。和合二圣常见的形象均作蓬头笑面赤脚，一持盛开荷花，一捧有盖圆盒（或一如意、一宝珠），取和（荷）谐合（盒）好之意。二圣画像，多于婚礼时悬挂，或常年悬于中堂，取谐好吉利之意。瓷塑、泥塑亦有和合二圣像，置于几案、橱柜，以为装饰和祝吉。

八仙

在我国，八仙几乎尽人皆知，对其间故事也是如数家珍。不过，八仙究系何人，却并非一开始就确定的。明人所绘《列仙全传》，没有张果老，却有刘海蟾；《西洋记》所述八仙，没有张果老、何仙姑，而有风僧寿、玄壶子。

四、神人篇

八仙事迹,大多可于唐、宋典籍中寻绎踪迹,少数见于明代;但唐、宋时,绝无集八人而合称"八仙"者。今之所谓"八仙",指李铁拐、钟离权、张果老、何仙姑、蓝采和、吕洞宾、韩湘子、曹国舅。明人吴泰《八仙出处东游记》所述八仙,即为上述八位;书中所述"八仙过海"故事,更使八仙之说大倡,几至达到了家喻户晓、老幼皆知。

位居八仙之首的,是李铁拐,俗称"铁拐李"。据传铁拐李为隋人,《续文献通考》云:"李铁拐,或云隋时峡人,名洪水,小字拐儿,又名铁拐。常行丐于市,人皆贱之。后以铁杖掷空,化为龙,乘龙而去。一说本伟丈夫,尝遇老君得道。后出神往朝老君,与其徒约以七日不还,焚其尸。后六日,其徒以母疾,遽焚而去。李还,附一丐者尸起,故足跛而更丑恶。"不管本为乞丐还是附尸乞丐,总之,铁拐李面目丑陋,袒腹跛足,诚如《历代神仙通鉴》所言:"黑脸蓬头,卷须巨眼,跛右一足,形极丑恶。"铁拐李手拄铁杖,身背葫芦,一说头束金箍。常以葫芦中丹药为人治病,能起死回生,故有"葫芦中岂只存五福"之赞。

钟离权,姓钟离,名权,号和谷子,又号正阳子、云房先生;相传为汉代人,故人多称之"汉钟离"。《集说诠真》云:"汉钟离,姓钟离名权,字云房,京兆咸阳人。仕汉为将军,后隐晋州羊角山,为正阳帝君。"汉钟离的传说当始于五代、宋初,《宣和书谱》《夷坚志》《宋史》等均载有其事,元人马致远杂剧《吕洞宾三醉岳阳楼》有"汉钟离现掌着群仙录"句。俗传他生时异光满室,生得顶圆额广,耳厚眉长,目深鼻耸,口方颊大,唇脸如丹,乳远臂长,犹如三岁儿童。既长,身高八尺,美髯俊目。汉、魏、晋历朝为官,唐末入终南山,于正阳洞修炼登仙,道教称正阳帝君。汉钟离常执一小扇,"轻摇小扇乐陶然"。

张果老,姓张名果。相传为唐时有法术之士。隐居恒州(今山西大同)中条山,自称生于尧时,已经几百岁,故人称"张果老"。倒骑小驴,为张果老形象的突出特点,《太平广记》云:"张果老尝乘一白驴,日行数万里。休则叠之如纸,置巾箱中;乘则以水噀之,还成驴矣。"又据《唐书·方伎传》记载,唐太宗、高宗以及则天武后曾屡次召见,张果老均不入见,并化为腐尸。后复现于中条山,唐明皇遣使迎入长安,请演种种法术,赐银光禄大夫,封号通玄先生。张果老乞归恒州之后,明皇又遣使征召,他却闻旨而卒,开棺验之,竟是空棺,遂赐建栖霞观祀之。张果老常执鱼鼓,所谓"鱼鼓频敲有梵音"。他的著名遗迹"驴蹄印",一在北岳恒山,一在河北赵州桥。

何仙姑为八仙中唯一的女仙,其出生众说纷纭。相传她

四、神人篇

为唐时岭南人,名琼。《历代神仙通鉴》云:"何女生而紫云绕室,顶有六毫。年十三,随女伴入山采茶,失侣迷径,见东山峰下有一道士,修髯绀目,冠高冠,衣轻绡,何女亟拜之。道士出一桃,曰:'食此,他日当飞升。'仙姑食之,道士指归路,曰:'后可常会于此。'归已逾月,自是不饥不渴,洞知人事休咎。复梦神人,教饵云母粉。遂誓不嫁,往来山谷,轻身飞行。每朝出,暮持山果归遗其母。"又传其本为男子,姓徐,名圣臣,修道出神,家人殓其尸,适有何氏女新死,遂附之,后为吕洞宾收为弟子,超度出世。何仙姑常执荷花,所谓"手执荷花不染尘"。

八仙中最著名、传说最多的,要数吕洞宾。传说其为唐京兆(今陕西长安)人,一说河中府(今山西永济)人,名嵒(岩),字洞宾,号纯阳子。据传吕洞宾生时异香满室,且有鹤飞入帐中。其形貌"金形木质,道骨仙丰,鹤顶龟背,虎体龙腮,凤眼朝天,双眉入鬓,颈修颧露,额阔身圆,鼻梁耸直,面色白黄,左眉角一黑子,足下纹起如龟"。成年后,两举进士不第。花甲之后浪迹江湖,遇汉钟离授延年之术,入终南山修道。又于庐山遇火龙真人,学得天遁剑法,乃游历各地。相传其曾有江淮斩蛟、岳阳弄鹤、客店醉酒等故事。他在道教中地位很高,世称"吕祖",元代封"纯阳演政警化孚佑帝君"。吕洞宾常背一剑,有"剑现灵光魑魅惊"之赞。

蓝采和,传为唐时有法术之士。他破衣烂衫,夏日内加棉絮,冬天反卧雪中,一足穿鞋,一足赤脚,手执三丈大拍板,醉歌于长安街头,或以绳串钱,沿街拖撒,任人捡拾。又传他常携花篮,"花篮内蓄无凡品"。

韩湘子,相传为韩愈的侄儿。生性狂放,流落江湖,随吕洞宾游,攀树摘花跌死,尸解成仙。既然是"侄儿",他的形象便是少年,头束丫髻。韩湘子常执一箫,有"紫箫吹度千波静"之赞。

曹国舅,姓曹名友,宋曹太后之弟,故称"国舅"。国舅弟弟仗势作恶,他深以为耻,遂散财济贫,入山修道,遇汉钟离、吕洞宾,引入仙班。国舅的一幅高官模样:朝服朝靴,头顶官帽,手执笏板。曹国舅常执拍板(笏板的"转型"),"玉版和声万籁清"。

八仙集中之后,衍生出许多故事,民众因此而赋予其一定的意义。熟语有"八仙过海,各显其能",本于八仙故事。据《东游记》载:一日,八仙自西王母蟠桃大会醉别而归,路过东海,但见白浪滔天。吕洞宾首倡过海东游,不现仙家腾云驾雾的本事,须各投一物,乘之而过。铁拐李率先以杖投水，立其上，逐浪而渡。七仙随之，纷纷以纸驴、花篮、拍板等投水而渡。

八仙本为仙人，又定期赴蟠桃大会，为西王母贺寿，故常被取作祝寿的素材。八仙的图案常见于画稿、建筑、家具、什器、衣物之上，或仰望寿星，或举杯向西王母祝寿，或衬以古松仙鹤，题"八仙仰寿""八仙庆寿""八仙祝寿""群仙拱寿"等。又，八仙所持物件葫芦、扇子、玉板、荷花、宝剑、箫管、花篮、鱼鼓，称"暗八仙"，亦称"八宝"，吉祥图案常以此代八仙以达意，寓意亦在祝颂长寿。

钟馗

钟馗为传说中的神人，历来声名显赫。他以捉鬼而著名，民间常以其画像为辟邪神物；进而由捉鬼而捉蝠、由驱邪而纳福，成了致福神人，甚至一度做了门神。

关于钟馗的出现，有人考为先秦时代"终葵"的一音之转。终葵木为一种椎（棒槌），古代举行大傩仪式的时候，常挥舞终葵以驱疫逐鬼。后人以此驱鬼辟邪，并附会为食鬼的神人。顾炎武《日知录》卷二二"终葵"条云：

263

《考工记》："大圭,长三尺,杼上终葵首(终葵,椎也。……)。"《礼记·玉藻》："终葵,椎也。"《方言》："齐人谓椎为'终葵'。"马融《广成颂》："翚(挥同)终葵,扬关斧。"盖古人以椎逐鬼,若大傩之为耳。……《魏书》："尧暄本名钟葵,字辟邪。"则古人固以钟葵为辟邪之物矣。又有淮南王佗子名钟葵。有杨钟葵、李钟葵、慕容钟葵、乔钟葵……则以此为名者甚多。

　　关于钟馗及其食鬼之性的来由,流传更广的,是唐代时的一则故实。相传唐明皇患病,梦见大小二鬼。小鬼窃得唐明皇的玉笛和杨贵妃的紫香囊,绕殿而奔。大鬼戴帽,衣蓝裳,袒双臂,穿皮靴,捉住小鬼,挖了双眼,擘开吃掉。唐明皇问之,大鬼自称钟馗,生前应武举未中,触阶而死,死后誓与皇上除天下妖孽。明皇梦醒后病愈,召画工吴道子绘其像,敕告天下,于岁暮悬之,以驱邪魅(见《唐逸史》《补笔谈》等)。这传闻不免附会的痕迹,但张贴钟馗画像辟邪的习俗,在唐代确是十分盛行的。

　　由于钟馗能擘食小鬼,后世人们多张贴其画像于门、墙以辟邪,甚至一度取代神荼、郁垒而成为门神。唐末以来,人家多于除夕夜悬钟馗像于门,近代又有五月端午悬挂钟馗像者。《五代史·吴越世家》云："岁除,画工献钟馗去鬼图。"《北平风俗类征·岁时》引《京都风俗志》云："(十二月)

中旬，人家换桃符、门神、钟馗、福禄天官、和合"；又引《旧京遗事》云："禁中岁除，各宫门改易春联，及安放绢画钟馗神像。像以尺长素木小屏装之，缀铜环悬挂，最为精雅。先数日，各宫颁钟馗神于诸皇亲家"。《铸鼎馀闻》引《吴江震泽合志》云："（五月）五日堂中悬钟馗画像，谓旧俗所未有"；又引吴曼云《江乡节物词小序》云："杭俗端五悬钟进士画像以逐疫。"

钟馗画像大多面目狰狞可怖，须髭直挺，手持利剑，一手或捉按鬼物，题"钟馗捉鬼"或"钟馗去邪"等。又有"钟馗嫁妹"图，钟馗随从、馗妹舁轿者，均为小鬼。小鬼、美女搭配，情趣盎然，也难怪不仅图绘，还有舞台扮演了（京剧有《钟馗嫁妹》）。至于"世传钟馗嫁妹，乃'嫁魅'之讹"（文震亨《长物志》）的辨析，也颇显无谓了。

驱邪逐鬼，归根结底在于致福。因此，本以捉鬼驱邪为职掌的钟馗，渐渐也承担了致福的责任，成为迎福、纳福的吉祥神人。俞樾《茶香室三钞》引明义震亨《长物志》云："悬画月令，十二月宜钟馗迎福。"民间有"钟馗引福"年画、版画，画面多为钟馗仗剑捉蝙蝠的纹图，并题"品格刚正鬼魅远，道行慈悲福寿多"字样。此种纹图亦称"天中辟邪"。或画钟馗披览文籍，有蝙蝠飞舞的纹图。

五、符图篇

福

要说中国的吉祥符，最有名、最常用的，恐怕要算是"福"了。每到年节，或者竟是所有平常的日子，我们都可以见到处张贴、悬挂的福字或装饰福字的工艺品，而我们每个人也都正是这种习俗行为的参与者。

在甲骨文里，"福"字的造型，为两手捧酒坛浇酒于祭台，是会意字，有祈求神灵保佑之意。可见，"福"字的今生今世，似乎就是为某种观念及其仪俗而生。在这里，不能说"福"不再是一个汉字，可它确实已经符号化了，谁都不会觉得张挂的是一个汉字，而是认为在渲染"福"这种国人自古及今积淀下来的人生信念。

福不像寿、喜、富、贵那样有明确的含义和评价标准，它比较笼统模糊，但又实实在在地存在着。福究竟有着怎样的内涵呢？古来最好的诠释，当是《尚书·洪范》对"五福"的界说。朱夫子命学生蔡沈给《书经》作注，成《书集传》，对《洪范》"五福"解释是：

> 人有寿而后能享诸福，故"寿"先之。"富"者，有廪禄也。"康宁"者，无患难也。"攸好德"者，乐其道也。"考终命"者，顺受其正也。

寿、富、康宁不难理解，后两福却有些让人费解，而蔡沈的解释并不明确，或说有所偏差。又有人解释"攸好德"，说是"所好者德"；解释"考终命"，说是"皆生佼好以至老也"——这算是解释得比较清楚了。

与典籍里的说法相对，民间认为五福指福、禄、寿、喜、财，其中禄、寿、喜、财的内涵十分明确，只有福有些含糊。此外，传统吉庆话里还有"三多"一词，具体指多福、多寿、多男子，福也是与比较明确的多寿、多男子相对，显然有别的意义。

无论是典籍里的五福，还是民间的五福，都说明福的内涵十分丰富，既具体，又笼统。怎样的人才算有福呢？考察一下历史也许能找到答案。

《元史·严宝传》载云："（元太宗）数顾宝谓侍臣曰：

'严宝,真福人也。'""福人"严宝历仕金、宋、元,出征则旗开得胜、所向披靡,理政则境内安堵、吏民景仰,以至于去世后"百姓悲痛万分,野哭巷祭十余日不止"。民间有"全福人"之谓,则是指在上父母康健、同辈既有兄弟又有姐妹、在下儿女双全。

宋金澶渊对阵的时候,宋真宗问谁能带兵出战,寇准无奈推荐了王钦若,说王是福将。所谓"福将",是运气好、所至如意的将领。北宋君臣显然不怎么如意,所以王钦若算不算福将,也就不必去管了。民间传说中的福将,是隋末的程咬金,他真的是所至如意,要么旗开得胜,要么化险为夷。

这样看来,福实际上指向人生中所有好的方面,包蕴极其广泛;无须胶柱鼓瑟,非要弄出个子丑卯酉来。

作为吉祥图符,福以单独出现(包括些微修饰)的时候为多。早些年间,福字常见于家具、建筑、什器。比如家具上雕镂福字,配合其他吉祥物或装饰纹样。建筑上用福字,常见的是在裙墙砖、门扉裙板以及窗棂、屏风上镂刻,最显眼的则是院门前照壁上的大福字。

至于过年时贴福字、剪福字窗花,则更为普遍。最常见的,是在菱形红纸上墨笔或金笔写个大福字,贴在屋里屋外的各个地方,包括那些人少到、灯不亮的僻处暗隅。众所周知,贴福字讲究倒贴，寓意"福倒（到）了"。尤其僻处暗隅，意思是要这些地方也有福到；而这样的地方福都到了，那阖家内外当然就福满福旺、福气融融了。比如在屋里，四壁与屋顶形成的角落，算是屋里的僻处暗隅了，就该在那里贴个福字，且要两墙一顶三面凌空，倒着贴。这样四隅都贴以后，满屋顿时喜庆盈溢、福气氤氲了。这种习俗今天也广泛存在，春节时家家户户都贴字，而且也总要遵照传统俗信倒贴些福字。

作为吉祥符，人们自然希望它随处伴随。因此，福不仅见于春节，也见于一年四季的其他时日；不仅有固定地点的，也有随身移动的。

平常的日子里，装饰福字的工艺品，陈设在家里，美观、吉利。相关旅游纪念品，纪念意义之外，还意味着把福气带回了家。随身佩饰福字的小挂件也不少，比如雕福字的玉佩、穿福字背心的生肖挂件、装饰福字的中国结，等等。可以贴身佩戴（如做项链，或系在腰间），也可以挂在背包、手包上，或装饰于手机等等。这样，福就随时与人同在了。

福字与其他吉祥符、吉祥物组合的情形，也极为多见。比如剪纸窗花，就有福字与生肖图案一起的。门扉、墙壁上镂刻的福，也多以别的吉祥纹样装饰，或与其他吉祥物组合。

工艺摆件、挂件中的福字,也有此类装饰。比如福字经缠枝纹装饰,就有了福运围绕的寓意;福字与盘长组合,就有了福运连连的寓意;与卍字组合,就有了福运万世绵延的寓意。如今流行的中国结,就有盘长与福字配合的,其中的福字或用彩绳结成,或者以玉(仿玉)雕成,绾在结中,雅致美观,寓意深远。见于画稿、吉祥图案的福字,就更多以组合形式出现了。如题名"福禄寿"的吉祥图案,就是鹿和福、寿二字在一起的纹图。还有"百福图",图中为百种各体福字。

福除了以吉祥符的形式出现,也以象征物的形式出现。最常见的福的象征物是蝙蝠,绝大多数吉祥图案都是如此,比如五福捧寿、纳福迎祥、翘盼福音、平安五福自天来等等。2008年北京奥运会的吉祥物福娃,也可以说是福的象征,五个福娃代表五福,传统与现代完美结合,意味深长——这也说明,传统的继承与新意的创造,并行不悖。

囍

囍,习惯称"双喜"。它形似汉字,其实应该说是图符。因其为两个"喜"字合成,故有"双喜"之称。在民间,它是家喻户晓的吉祥符。

五、符图篇

据传,"囍"为宋代大文豪王安石所创。王安石进京赶考,见一富贵人家门前张灯结彩,灯上悬一上联,传谕众人,说是有谁对出下联来,就将小姐嫁他,但却始终无人对得上来。王安石见此颇觉有趣,但因应考在即,未加理会。科考结束,那富贵人家忽然请他到府上做客对对子。王安石凝神一想,便对了上来。主人见其才思敏捷,一表人才,心下大喜,招为女婿。洞房花烛夜又知金榜题名,王安石情不自禁,铺纸濡墨,挥毫连写两个大"喜"字,以表达喜上加喜的心境。从此,"囍"就成为喜庆,尤其婚娶的吉庆符瑞。

在传统中国,民间以喜为"五福"之一,由此可知对喜的重视。国人的人生态度,一般都是入世的,热爱现实生活,追求生活的充实、欢悦。因而,人们把许多事物都视作喜,诸如婚娶、中考、路遇故旧、亲朋来访等等。由此,人们也创设了许多表示欢乐喜庆的吉祥物,如喜鹊、喜蛛、鹮、獾等。双喜临门之时,除用两只喜鹊表现外,又创造了使用更加便捷而直观的"囍",用以恰切表现情感意绪。

囍在日常生活、礼仪生活中的应用极广,尤以婚娶仪注及新婚用品为多。当今,人家嫁娶,无不在门口左右贴大囍字,娶亲的汽车上也要贴囍。新房之中,墙壁、门窗、家具、电器等亦多贴囍。贴于屋顶四角的囍倒置,俗称"喜到",以

"倒"谐音"到"。新婚用品中被褥、帷帐、妆镜等也多织绣、图绘囍字。锦缎被面有织"龙凤双囍"者，为龙凤围绕囍的纹图。又有"双凤双喜"，为双凤围绕囍的纹图。

由于喜庆欢悦是人们时刻向往和追求的目标，故而囍也见于日常生活。举凡画稿、衣料，建筑，家具、什器或其他日用品上，均可见囍的纹图。囍字字形变化多样，有长囍、圆囍等。

表示喜庆欢悦的意思，还有"禧"字。禧意为幸福吉祥，与囍大略相同。北方一些地区，春节于屋内房梁贴吉语，其词为"抬头见禧"；又于院外墙壁、树木上贴吉语，其词为"出门见禧"。

寿

寿，繁体一般作"壽"。寿本是平凡的汉字，但由于人们长寿观念的作用，它远远超越一般的汉字，不仅字意延伸丰富，字体变化多端，而且成为反映国人吉祥观念中最重要主题的象征。

传统观念中的《洪范》"五福"，占第一位的就是寿："五福，一曰寿……"寿排第一；吉祥图案"五福捧寿"，五只蝙蝠围绕寿字，寿占中心。古人认为，"人在一切在"，俗谚所谓"留得青山在，不怕没柴烧"，因而"五福中唯寿为重"。中国民众大多抱持现世观，理想、幸福寄托在现实生命之中。这决定了人们执着人寿，追求生命的久长。由此可知，国人注重寿考、在"寿"字上做文章，是极其自然的。

《辞源》载"寿"的释义有七项，除一项外，其他都与吉祥观念中寿的主题有关，分别是：长久；年纪长，寿命；老年人；祝人长寿；生日，如寿辰、寿诞；旧时土葬，为死者准备殓物的婉辞。

在汉语里，以寿为主题之一组成的祝颂、吉祥词汇很多，诸知寿元、寿安、寿考、寿惜、寿康、寿乐等；许多事物被冠以"寿"字，如菊称"寿客"，桃有寿桃，传说中有寿木，天上的老人星视为寿星，祝寿的酒称作"寿酒"，上寿的酒樽谓之"寿尊"；还有专门用来祝寿的文字，诸如"寿序""寿诗""寿联"，等等。

此外，人们还通过联类比喻、谐音假借等手法，创作了许多寿的吉祥象征物。其中有万占长青的松柏，寿可千年的龟鹤，食之延年的灵芝、仙桃、枸杞、菊花，色彩缤纷的绶鸟，还有生活中反映自然情趣的猫戏蝶……

在寿的文字图像上，人们也大做文章。这里，寿字已经图案化、艺术化，成了地地道道的吉祥符。据统计，"寿"字有300多种字形或曰图形，变化极为丰富。有单字表意的，矩形的叫"长寿"，圆形的叫"圆寿"或"团寿"；有多字表意的，譬如常见的"百寿图""双百寿图"，由不同形体的"寿"组成，列成条幅形和"寿"字形的。此外还有组合图案，诸如：

万寿团——由卍字和寿字组成。

如意寿字团——如意头与寿字组成。

如意团万寿——如意头与卍、寿组成。

五福捧寿——五只蝙蝠围绕寿字的纹图。

多福多寿——许多蝙蝠和寿字的纹图。

无论独立还是组合，寿字图案应用广泛，见于日常生活和礼仪生活中。祝寿送一幅"百寿图"，是顶好的礼品，这不言而喻。在日常生活中，这些字符、图案常见于衣料、建筑、家具、什器等。旧时，上了年纪的人，常穿衣襟有寿字的衣服，枕顶绣寿字，缎被织寿字。北方农村民居的炕围画常见寿字，夏天用的纱门中间部分做成寿字形，椽头有漆寿字者，砖墙马头有刻寿字者，更有在门口照壁雕寿字或鎏金百寿图者等等。

五、符图篇

卍

"卍"原本是梵文,读作Srivatsalaksana(室利靺蹉洛刹那),意为"吉祥万德之所集"。一般认为,卍来源于印度,随着佛教传入我国。佛教称佛祖释迦牟尼有三十二相,胸部标志有卍的,称作"吉祥海云相",《华严经·入法界品》有云:"胸标卍字,七处平满。"简括而言,它是"吉祥之所集",是吉祥幸福的象征。

佛教西来,逐渐波及国人物质生活、精神文化的诸多方面。其中语言文字方面,就有不少汉语词汇源自佛教,卍也是如此。北魏时期,菩提流支所译《十地经论》将卍译成"万";唐代高僧玄奘等则译为"德",取"万德庄严"之意,强调佛的功德无量。卍被赋予"万"的读音而正式用作汉字,在武则天当政的武周长寿二年(693年)。唐慧苑《华严音义》记载了此事:"本非汉字,周长寿二年,权制此文,音之为'万',谓吉祥万德之所集也。"由此,后来的佛经便将卍写作"万"。

尽管被用作汉字,但卍更多还是以图案的面目出现,一如双喜之"囍"。卍可谓"天生丽质",不仅受君主、官宦的青睐,也受大众的喜爱。帝王之家可用它,象征、祝颂"大×""×家"天下千秋万代永不变色;平民百姓用它,祈盼子孙绵延、福寿安康。

吉祥图案中有"万字流水",卍的四端伸出,连续反复,形成各种连锁花纹(多为四方连续图案),意为绵长不断。"万字锦"纹样便是"万字流水"。此外有长脚卍字,意为"富贵不断头"。卍与变体寿字配合,称"团万寿""万字锦"。

卍以及万字流水等多用作图绘的底纹,广泛用于衣料、建筑、家具和什器。其中最突出的当推衣饰:旧时,有万字锦缎,乡绅者流多有以此为长袍马褂者;帝王、朝臣的龙袍。朝服,也有绣或贴卍字者。《清史稿·舆服志》载:"(皇帝)衮服,色用石青,绣五爪正面金龙四团,两肩前各一。其章左日右月,万(即卍)寿篆文,间以五色云。"

另,据传有卍果,又称"万寿果",也是吉祥珍品。清李调元《南越笔记》十三"广东诸果"条云:"卍果,果作卍字形,画甚方正,蒂在字中不可见,生食香甘。一名蓬松子。"

需要指出的是,"卍"的写法历来有左向"卍"和右向的"卐"两种。唐慧琳《一切经音义》提出,应以"卍"为准。

宝相花

宝相花为古代吉祥纹样之一,较为常见。"宝相"原本为佛教词汇，佛家称庄严佛相为宝相。南朝齐王简栖《头陀寺碑文》云："金资宝相，永藉闲安；息了心火，终焉游集。"宝相花纹样之名，当是由此借用而来。

植物中本有名"宝相花"者，那就是蔷薇。蔷薇花朵硕大，颜色艳丽，花瓣繁多。宋代梅尧臣和范成大，都有咏宝相花的诗作，范诗云："一架蔷薇四面重，花工不肯费胭脂。淡红点染轻随粉，浥偏幽香清露知。"花瓣繁多，正是宝相花纹样的主要特点。

不过，宝相花纹样并非某种实有花卉的描摹，而是对多种现实题材集中、提炼而成，从而创造出的一种"源于自然、高于自然"的完美的理想之花。它是一种具有符号意义的独特纹样，象征着富贵、美满、吉祥。

宝相花的构型，一般以某种花卉（比如莲花、牡丹、菊花等）为主体，花瓣、花苞、花蕾、花蕊等多层次排列，并嵌以其他花卉的花叶。在花蕊和花瓣基部，以圆珠作规则排列，恰似闪闪发光的宝珠，再加多层次退晕色，显得珠光宝气、富丽华贵，故称"宝相花"（简称"宝花"），又称"宝仙花"等。

宝相花纹样肇始于魏晋南北朝，盛行于隋唐。北朝时期，莲花图案以写实造型为主，多选取正面俯视角度来表现，中心为圆盘状的莲蓬，莲瓣向四周多层放射状均匀排列。这种图案发展演化到隋唐时期，造型更加饱满，变化极为丰富。其中最为突出的，当属金银珠宝首饰，雍容华贵，颇能显示大唐风范。

宝相花纹样的应用及其广泛，举凡织绣、石刻、木雕、铜镜、瓷器、家具以及建筑装饰领域，无不有之。传统绘画中，也多见宝相花纹样，尤其是关系佛教者。举世闻名的敦煌莫高窟壁画中，常可见到宝相花；同样著名的唐卡作品，宝相花也屡见不鲜。此外，衣物也有图绘这种纹样的，《元史·舆服志》即云："士卒袍，制以绢䌷，绘宝相花。"

在现当代，除工艺品多见外，日用品如瓷质盘碟及织物绣品等，也均可见宝相花纹样。在使用中，宝相花纹样多为平面团花，也有椭圆状、不规则矩形者，且有立式纹样。其适用情形多因器物外形而定，如瓷盘底部绘团花，边沿绘多个立式纹样等。

缠枝纹

与宝相花纹一样，缠枝纹也是以花草为基础，综合而成的一种写意纹样。

缠枝纹的原型，是各种藤萝、卷草，诸如常春藤、扶芳藤、紫藤、金银花、爬山虎、凌霄、葡萄，等等。这些植物有其共同特点，即藤蔓绵长，缠绕不绝；或枝干细软，细叶卷曲。如金银花，又称金银藤、忍冬，植于阳台、墙角、屋檐下，其藤蔓攀援而上，凌冬不凋。又如凌霄，枝柔叶茂，茎蔓常攀大树或他物，青云直上，高可达百尺，几凌霄汉，故宋人杨绘《凌霄花》诗谓"直绕枝干凌霄去"。

寓意吉祥的缠枝纹，正是由上述植物的形象，经艺术提炼，概括、变化而成。这种图案委婉多姿，富有连续感、流动感，优美生动。因其图案结构韵律之连绵不断，故而寓有生生不息、千古不绝、万代绵长的意义。这种图案小可寄托期冀长寿的心愿，进而表现家族世代绵长不断、香火不绝的愿望；大可呈示民族、国家千秋万岁、青春永驻的宏图。

缠枝纹约形成于汉代，盛行于南北朝以及其后的各个朝代。汉代已有成熟的缠枝纹样，见于漆器、丝织工艺，如"万事如意锦""鸟兽葡萄纹绮"等。

到唐宋时期时，缠枝纹广泛用于工艺制品。唐李德裕《鸳鸯篇》诗"夜夜学织连枝锦，织作鸳鸯人共怜"，其中的"连枝锦"用的就是缠枝纹。唐镜所见"海兽葡萄纹"，则是有名的缠枝纹样。元代肇始，明清青花瓷，无论官窑还是民窑，缠枝纹花饰比比皆是。

279

缠枝纹应用极为广泛，举凡雕刻、家具、什器、编织物、刺绣品等，都可见到这种纹样。由于纹样素材缠绕延展的特点，它多以二方、四方或多方连续为组织形式，往往作为边缘纹样，用于各种物什的边缘装饰，如碑石的左右边沿，漆奁以及其他方形物什的四周边沿，器物圆盖、铜镜、瓷盘的周围边沿。书画作品装裱，也有以此为边沿图案者；民间木版年画以及其他木模范制食品（如月饼或别的糕点），也有以此为边缘纹饰者。此外，这种纹样亦有用作地纹的。

缠枝纹还可以与其他纹样组合，如与莲花组成的缠枝纹称"缠枝莲花"，佛教始入中土的时代，墓穴雕刻、绘画多见此种纹饰；以牡丹、葡萄组成的称"缠枝牡丹""缠枝葡萄"，以人物和鸟兽组成的叫"人物鸟兽缠枝纹"；又有"缠枝菊""缠枝莲""缠枝宝相花""缠枝石榴花"等等。

云纹

云原本是自然界的普通物象，但在古人的观念和创意领域，这种自然现象被神秘化、艺术化，不仅有种种称谓和表现，而且还视之为祥瑞，有"祥云"之称等；同时，云行天空，谈云即谈天，故而又可以云代天。这样，云就从双重的角度

五、符图篇

被视为吉祥。

一般的云，表现为图案，最突出的是"云纹"，以云的回还状貌构成，早见于青铜器上，也见之于他处。以云端的卷曲为纹图，称"云头"。古今各种物什，多有以此为角花装饰或直接雕镂者。古时有"云头鞋"，鞋尖似云头（一如笏头鞋之似笏头）。又有"流云纹"，由流畅的回旋形线条组成复杂多变的带状纹饰，犹似流动的云彩，青铜器纹样有之，织锦亦有。还有"套云拐子"，为互相连接而曲折者，表示绵绵不断。这些云的纹样，广泛应用于衣料、建筑、家具、什器、造型等方面。

介于一般的云与祥云之间，有"青云"，指青天之云，象征高官显爵。"青云"亦曾为官名，汉应劭曾说："黄帝受命，有云瑞，故以云纪其事。春官为青云……"后世吉庆语有"青云直上""平步青云"等，都是祝颂官运亨通之词。近世又有"步云"鞋，取义大略在"平步青云"，同时也给人行步的轻盈感，命名颇具匠心。古又有故实"青云干吕"，指庆云翔集，俗传为吉祥之兆。旧题东方朔《十州记》云："臣国去此三十万里，国有常占。东风入律，百旬不休，青云干吕，连月不散者，当知中国时有好道之君。"吉祥图案有"青云得路"，为牧童放风筝入云端的纹图，应用于画稿、什器。

281

祥云，顾名思义，是指象征祥瑞之云。北周庾信《广饶公宇文公神道碑》有句云："祥云入境，行雨随轩。"古来形容仙境，总不过是"祥云缭绕"，仙人们行走总是"架起祥云"。吉祥图案有题"慈善祥云"者，为莲花配以慈姑叶，周围加云朵的纹图——这里的云，必然是祥云了。

象征祥瑞的祥云，究竟如何？古有所谓"五色云"，为五种颜色的云彩。《旧唐书·郑肃传》云："仁表（郑肃之孙）文章尤称俊拔，然恃才傲物，……尝曰：'天瑞有五色云，人瑞有郑仁表。'"元人方回《次韵刘君鼎见赠》诗之二云："名场早捷千军阵，胪陛应符五色云。"《清史稿·舆服志》里，皇帝、皇后朝服、龙袍（朝袍）的章文之间，均"间以五色云"，足见其很是祥瑞。

五色云亦称庆云、景云、卿云。《汉书·天文志》云："若烟非烟，若云非云，郁郁纷纷，萧索轮囷，是谓庆云。喜气也。"《瑞应图》谓："景云者，太平之应也，一曰庆云。"《孝经援神契》亦云："德至山陵则景云出。德至深泉则黄龙见。"

祥云见于纹图，多与其他吉祥物结合，寄情寓意，常见于衣物、瓷器、家具等。如题曰"福运"的吉祥图案，就是蝙蝠飞于云中的纹图。2008年北京奥运会火炬上的图案，正是源自传统的祥云纹样，体现了"渊源共生，和谐内容"的理念。

回纹

回纹，又称"回字纹"，其得名，显然缘于形似"回"字。关于汉字"回"的由来，古文字学家多认为源自流水的漩涡。作为纹样的回纹，则是由横竖短线折绕，组成方形或圆形的回环状花纹——回环曲折，是其突出特点。

回纹最早只是青铜器和陶器的装饰纹样，并不具备吉祥意义。早在新石器时代的彩陶器和商周时代的青铜器上，回纹就已十分流行，有的作为地纹，有的作为主纹。这种纹饰简朴凝练，使相应时代的陶器质朴素雅，青铜器庄严厚重。后来，回纹又发展出曲折、三角、钩连，以及菱形和方形等样式，并作二方或四方连续排列。汉代开始，回纹逐渐式微。到了唐代，适应所谓"大唐气象"，更是风格浓郁艳丽的宝相花纹、缠枝纹等纹样占尽了上风。

到了宋代，人们逐渐扬弃唐代的繁复之美，倾向于朴拙之美，回纹重新受到重视，多用作瓷器的辅助纹样，饰于盘、碗、瓶等器物的口沿或颈部，或用以隔开其他纹饰。明清以来，回纹广泛应用于织绣、地毯、木雕、瓷器、漆器、金缸以及建筑装饰上，主要用作边饰和地纹。

回纹不仅具有整齐划一的特点，而且绵延丰富。更重要的是，后世的回纹具有吉祥寓意，即诸般事宜（如福、禄、寿、世代、国运等）的深远、绵长，与吉祥符卍的寓意相近，故而民间称之"富贵不断头"。回纹形式有单体，一反一正相连成对和连续不断的带状形，二方连续是最常见的形式，也有四方连续组合的，俗称"回回锦"。

十二章纹

一般来说，吉祥符图大都全民族通用，但也有一些，专用于某些人或某种专门场合。比如龙的图案，封建时代只有帝王才能用，且只有皇帝的冕服（礼服）才能绣九条龙，亲王则要少一些。又如十二章纹，只见于皇帝的冕服，且在最隆重的场合才能使用。像十二章纹这样的图案，虽然今天已失去了附丽的基础，但它毕竟是中华文化的独特符号，仍然具有认识价值，乃至表现领域的某种实用价值。

十二章纹，又称"十二章""十二文章"，是十二种图纹的组合。这十二种图纹别是：日、月、星辰、龙、山、华虫、火、宗彝、藻、粉米、黼、黻；后九种，亦称"九章（纹）"。

五、符图篇

十二种图纹，都依据自然或人工物绘成，且各有取意：

日：日中有三足鸟，彩云烘托。

月：月中有玉兔捣药，彩云托护。

星辰：三星并列，以直线相连。——以上三者，均取其照临。

山：山岳一座。——取其稳重。

龙：五爪龙一对，身披鳞甲。——取其应变。

华虫：彩羽雉鸟一对。——取其文丽。

宗彝：祭祀酒器，上绘一虎一蜼（长尾猿）。——取其忠孝。

藻：丛生水草。——取其洁净。

火：如光炎状。——取其光明。

粉米：白米。——取其滋养。

黼：斧形花纹。——取其决断。

黻：亞形图案或绘两兽相背。——取其明辨。

显然，十二章纹的取意，正说明了帝王的必备品德与职责所在，可谓寓意深广。

十二章纹的最早记载，是《尚书·益稷》里舜与大禹的对话："予欲观古人之象，日、月、星辰、山、龙、华虫，作会（绘）；宗彝、藻、火、粉米、黼、黻，絺绣，以五采彰施于五色，作服。"

285

实际情如何，颇难缺考。东汉初年，章服制度正式确立，《后汉书·舆服下》云："天子、三公、九卿……祀天地明堂，皆冠旒冕，衣裳玄上纁下，乘舆备文，日月星辰十二章，三公、诸侯用山龙（以下）九章，九卿以下用华虫（以下）七章，皆备五采……"

南北朝以后，只有皇帝才能用冕，相应地，章纹也就退出了贵族服饰。明、清正史"舆服"所志，皇帝服饰有章纹，皇后则无。《明史·志第四十二 舆服二》，"皇帝冕服：……十二章，日、月、星辰、山、龙、华虫六章，织于衣；宗彝、藻、火、粉米、黼、黻六章，绣于裳"。《清史稿·志七十八 舆服二》，皇帝"朝服，……列十二章，日、月、星辰、山、龙、华、虫、黼、黻在（上）衣，宗彝、藻火、粉米在（下）裳，间以五色云。下幅八宝平水。十一月朔至上元，……列十二章，俱在衣，间以五色云"；"龙袍，……列十二章，间以五色云"。

作为高大上的吉祥图案，十二章纹用于服装之外，也见于其他物什。如十二章纹圭璧，圭面即饰有十二章纹，是古代帝王祭祀时所执玉器。清代有白玉雕十二章纹圭璧摆件，是乾隆时祭祀所用礼器。

古代十二章纹民间较少使用，现代的大型祭典（祭炎、黄二帝以及祭孔等），则在祭服上看到这样的纹饰。其他装饰艺术领域，如大型公共场所的壁画、装饰，以及屏风等高规格实用器物的装饰，也能见到这样的纹样——帝制虽然远去，中华文化的象征符号，仍可大有作为。

海水江崖纹

海水江崖纹，作为传统吉祥纹样，与十二年章纹同样"高大上"。它的名称有些"纷歧"，一是"海水""江崖"颠倒组合，称作"江崖海水"；一是"崖"字俗写作"牙"，故有"海水江牙""江牙海水"之称。

秦皇汉武时期，"传闻海上有仙山"，为神仙所居，两位皇帝被方士"套路"，寻求长命仙药，结果"竹篮打水一场空"。有人认为，海水江崖纹源头，与"海上仙山"有些瓜葛。确实，有海有山，但却未必相关，因为海上仙山虚无缥缈，而这纹样突出的，似乎是实实在在的"一统江山"。

"海水江崖"，有山有水。山称"江崖"，纹样表现为重叠绵亘的山崖，并在发展中渐趋壁立高耸。江崖也有作"江牙"甚至"江芽"的，或以为"姜芽"，似姜之芽，象征昌茂。水称"水脚"（位居山崖之脚），表现为滚滚波涛水浪。这种水波又有平水、立水之分，平水平衍，立水耸直，早期形象（写实）一些，后来则线条更趋几何化。

海水江崖纹，常见于明清帝王、朝官的朝服，主要饰于龙袍、官服的下摆；也有饰于袖口的，相对简化。同时，也常与龙纹等配合使用，尤其是与"八宝"配合。《清史稿·舆服二》所载，就是皇帝朝服"下幅八宝平水"，龙袍"下幅八宝立水"；皇后朝袍"下幅八宝平水"，龙袍"下幅八宝立水"；皇子、亲王等朝服"下幅八宝平水"。

关于海水江崖纹的吉祥寓意，乃至始源，或许可从另一纹图寻绎。吉祥图案有"寿山福海"，蝙蝠围绕海中山崖（多绘寿石）飞翔，是其晚近的主要表现样式。而明初有"寿山福海纹（香）炉"，为永乐年间景德镇烧制的青花瓷。此炉鼎形外壁满绘汹涌波涛，下腹部则是层叠的山峦，正所谓"寿山福海"。纹图中并无蝙蝠，山峦亦非寿石，整体上倒是更近于海水江崖纹；或许可以说，这才应该是海水江崖纹的源头所在。

"寿山福海"，显然是由"寿比南山，福如东海"简化而成，寓意十分明显。对于普通百姓来说，寿山福海已经足够；对于帝王来说，还有超越个体生命的追求，那就是一统江山、鸿基永固。据载，永乐帝定都北京，御朝奉天门，内使奉上绘有"寿山福海"的香炉，置于榻前，奏道："定矣！"（见邵经邦《弘艺录》。）这仪式的象征意义显而易见。龙袍、朝服的海水江崖纹，其寓意，亦当作如是解。

服饰之外，海水江崖纹也常见于瓷器、漆器、文具（如砚台）、家具等传统物什之上。晚近以来，这种纹图的应用更加普遍，甚至现身于中秋月饼礼盒。2014年北京APEC领导人会议，各国领导人所着中式服装，用到了"海水江崖纹"，寓意21个经济体山水相依、守望相助。这充分说明，传统纹样时下仍旧"当红"。

博古纹

自来的好尚，沾着"高"字，约略可分两路，一路高大、高贵，一路高雅、高洁。图纹之中，有喜好黼黻章纹的帝王高官，就有钟情博古纹图的文人雅士。

"博古"原本有关学识，指通晓古时的事情，所谓"博古好学""雅好博古""博古多识"，无不如此。但北宋大观年间，雅好博古且精于书画的宋徽宗，命朝臣王黼等为宣和殿所藏古器编绘图录，从而撰成《宣和博古图》。这部书共30卷，著录皇家所藏殷商至唐代铜器839件，可谓集当日存世青铜器之大成，故而得名"博古"。由此，后人将图绘古器物，或者模仿古代款式，也称作"博古"。

《宣和博古图》所"博"之古，主要是铜器。后来，"博古"的外延大加引申，举凡尊鼎彝器、琴棋书画、书籍文具、瓷瓶、玉件、杂宝、盆景等，均可图绘而用作装饰题材，还可添加花卉、果实作为点缀，而由此形成的纹图，就是"博古纹"。

博古纹在瓷器上的应用最为突出。一般认为，明末万历、崇祯年间的瓷器，开始出现博古纹，主要涂绘花瓶、花架，构图简约。清代康、雍、乾时期，国富民安，瓷器上的博古纹进入"鼎盛期"，不仅多见，而且题材丰富，图绘精彩细腻，装饰技法多样，出现了开光、描金、凸雕等。不断发展中，"清雅"成为博古纹的主要风格，体现出"高洁"的品位追求。

说起来，博古纹实质上就是对真实器具的一种白描。它以写实的手法，将真实器具等描绘出来，再应用到需要装饰的地方。最初的表现形式，只是单纯的描绘，后来则雕刻、镶嵌、描金等种种手段广泛应用。同时，施用的对象也逐渐扩大，器皿、服饰、织绣品、家具以及建筑、园林装饰等，均可"博古"。

从开光、凸雕、镶嵌等技法隐约可知，博古纹多用于相对集中的局部。后来，人们又创出了"博古线"。这种线条方正端庄，又不乏灵巧。这样，各种物什的边沿等处，博古线就有了用武之地，可以起到结构、装饰等作用。有的物件，粗看似无"博古"；细加留意，轮廓、界隔、边围等处，多有博古线。尤其是家具，这方面更为突出；而家具中的"博古架"，整体上就是博古线构成的。晚近的衣饰，也有用到博古线的，李劼人长篇小说《死水微澜》第一部分"五"写道："她（邓幺姐）的衣裳，也有风致，藕褐色的大脚裤子，滚了一道青洋缎宽边，又镶了道淡青博古辫子。"

还有一种"博古龙"，又称"拐子龙"，由博古线发展而来。它的线条挺拔、硬朗，转折处呈圆方角，龙的头部也呈方圆形。方正、圆润，协同作用，谐调一致，体现出大气的装饰效果，家具、室内装饰及建筑框架均可见到。

太极图

我国传统的吉祥图符，大多数为广大民众所熟悉、运用；其间的寓意也比较具体，较好理解。但其中也有一些图符，内涵丰富，象征了宇宙本原的生成发展，其意蕴要上升到哲学的层面来解释。太极图、八卦图就是这样的图符。

按照我国传统的宇宙哲学来解释，太极是宇宙中原始的混沌之气，是万物万象的根源。《周易·系辞》说："《易》

著太极,是生两仪。两仪生四象,四象生八卦。八卦定吉凶,吉凶生大业。"也就是说,混沌之气运动而分为阴阳,由阴阳而生出四时,因而出现天、地、风、雷、火、水、山、泽八种自然现象,由此衍生出宇宙万事万物。

太极图是以黑白两条游鱼组成的圆形图案,俗称"阴阳鱼"。图中的双鱼,鱼身弯曲圆畅,有流动不居之势;首尾衔接,有圆转不绝之感;黑白相间,形成鲜明对照。这些,生动形象地表达了阴阳轮转、相反相成的哲理,诠释了宇宙万物生成变化的原理;同时,对称、对照及圆转,又体现了一种富含哲理的形式美,为我国的民族图案奠定了基本的结构原理。

除了上述基本形式之外,太极图还有别的形式。如宋儒周敦颐引入阴阳五行说,创造了一种独特的太极图,前段用太极生两仪之说,后则不用八卦而用五行。不过,这种符图是周氏图解自己哲学观点的,并未流行开来。

由于太极图寓意高深,又有道教色彩,所以民间应用不算多见,尤其是单纯图案较少。不过,太极图还是隐隐约约地出现在我们的生活中。比如在装饰图案或园林设计中,太极图形的图案就比较常见。在衣饰以及其他日用织物中,太极图形的图案也比较多见。

此外，尽管吉祥图案中少见太极图，但有许多却是按它的结构原理设计的，如喜相逢、鸾凤和鸣、龙凤呈祥等等。

八卦图

八卦为《周易》中的八种符号。相传为伏羲所作，《太平御览》云："伏羲坐于方坛之上，听八风之气，乃画八卦。"八卦由两种基本符号"—"（阳）、"--"（阴）组成，它是卦的根本。八卦的符号和名称分别是：乾☰、坤☷、震☳、巽☴、兑☱、艮☶、离☲、坎☵。

八卦中的每种符号，都象征一定属性的事物，依上述顺序排列，分别是天、地、雷、风、山、泽、火、水八种自然现象。其中乾与坤、震与巽、坎与离、艮与兑都是对立的。

八卦又以两卦相叠，演为六十四卦，以象征自然现象和社会现象的变化。其中，乾和坤两卦在诸卦中占有重要的地位，是自然界和人类社会一切现象的最初根源。

八卦图由八卦符号和太极符号组成。一般为八角形，八等分后的每个部分各绘一种符号；中间绘太极符号，则亦称"太极八卦图"。

八卦起初是上古人们记事的符号，后被用为卜筮符号，并加以神秘化。古人常以八卦图为除凶避灾的吉祥图案,进而凝固为驱凶辟祟、趋利向善的吉祥符。它用途颇广,且多用于实物,建筑、什器、衣物等。

后　记

　　记得父亲往来于大河上下的那些年，若是看到了红红的喜蛛，我们兄妹几个都欣欣然的。母亲说，见了喜蛛，要有亲人来到。于是我们盼父亲带回来写字的本本和铅笔……就是那些年，我还知道了在自家院里树上鸣叫的喜鹊，是送喜讯来的；窑洞里上灶炉"呼呼"地像跑步一样欢快，预示亲戚的到来。即使到现在，耳朵发烧（兆人骂）时就检讨自己的言行，打嚏喷（兆人思念、谈论）时便感到欣慰。今天写出的这本小册子，也许就是这种民俗文化土壤滋育的果实吧。

　　上述现象，民俗学家称之为"俗信"。细想起来，我们周围的所谓俗信比比皆是，举凡动物、植物、器物、符图、神人以及凡人的各种行为（诸如饮食、行止、建屋、行船等）都承载着这种信息。东邻日本的一位学者著有《日本俗信大辞典》，仅只动、植物编就是好几百页厚厚的一册。想来，幅员辽阔、历史久远的中国的此类蕴藏会更多。唯其多且蕴藏，便不是一时所能比较全面地挖掘出来。缘此，也就有了沧海一滴的这本小册子。

　　俗信的研究，在我国尚不广泛、深入，这是我们的不足。笔者虽有志于此，但识见、学养所限，举步维艰。幸而先辈、同窗或耳提面命或款言细语以教诲、励策，才得以迈出第一步。这里，向这些先辈、同窗以及给本书写作、出版以帮助的友人道上深深的谢意。千里之行，积于跬步。这第一步尤需读者的评判，指摘就中的错误、缺失，以利扎实而轻捷地举足前行。这，也正是笔者所虔诚期望的。

作　者

1990年2月北京

附 记

  三十年前出版的这本小册子，如今又能再次面世，既怀欣喜，又感惶愧。欣喜自不必说，惶愧却言下赧然：这么些年，在相应的领域，依然故步自若，不曾前进多少。

  "不曾前进多少"的体现，就是这次重版，大部分内容一仍其旧，只做了个别的文字调整和资料核实。此外，也适当补充了部分内容。对于丰厚的民俗蕴藏来说，这仍旧是"沧海一滴"。当然，将之作为新的起点，也算是有所收获吧。

庚子京华，时近小雪

出版后记

中华文明源远流长。在漫长的历史岁月中，我们中华民族创造了辉煌灿烂的文化成就，践行着自己朴素而真诚的人生和社会理想，追寻着具有鲜明特色的伦理价值和审美境界，展示出丰富、生动、深邃的思想智慧。在很长一段时间内，中国文化在世界文明体系中居于领先地位，其影响力和感染力无比强大，从而在铸就中华民族独特灵魂的同时，也为人类文明的发展和进步作出了重要的贡献。

明清之际，由于复杂的原因，中国社会没有能够有效地完成转型，逐步走向封闭和衰落。鸦片战争的失败，更使中国面临数千年未有之变局，使中华民族沦入生死存亡的艰难境地。为了救国于危难，当时的仁人志士自觉不自觉地把目光投向西方，投向西学，并由此对中国传统文化进行了激烈的批判。从洋务运动、戊戌变法，一直到五四新文化运动，

出版后记

在近代中国救亡图存的历史语境中,传统文化的观念和形态,常常被贴上落后、愚昧的标签,乃至被指斥为近代中国衰落和灾难的祸根,就连汉字和中医这样与国人生命息息相关的文化形态,也受到牵连和敌视,被列入需要废除的清单。对本民族文化的这种决绝态度,在世界各民族的历史上都是罕见的,它既反映了我们中华民族创新发展的非凡勇气,也从一个重要侧面,印证了中华传统文化的顽强和深厚。

今天,历史已经走进 21 世纪,我们中华民族经过不懈的努力和奋斗,迎来了快速发展的良好机遇,国家强盛、民族复兴的曙光就在前方。在这样的时候,在这样的历史背景下,重温我们民族的辉煌、艰难历史,重新认知我们民族的优秀文化和高贵传统,不仅是一种自然的趋势,也是一项庄严的历史使命。理由很简单,我们中华民族要在全球化的背景下真正实现伟大复兴,必须具有足够的凝聚力和创造力,必须具有强烈的自尊心和自信心,而这一切,离不开对本民族优秀文化基因的认同和感念,离不开对优秀传统的继承和弘扬。从这个意义上说,中国传统文化是不绝的源泉,是清新而流动的活水。我们组织出版《中国文化经纬》系列丛书,正是为了汲取丰富的精神滋养,激发我们前行的力量。

本书系计划出版 100 卷,由著名的中国文化书院组织编写，内容涵盖中国传统文化的各个方面和层级，涉及文学、历史、艺术、科学、民俗等多个领域，力求用通俗易懂的语言，用较少的篇幅，使广大读者对中国历史文化有较为全面的认识，对中国精神和中国风格有较为深切的感受。丛书的作者均为国内知名专家，有的是学界泰斗，在国内外享有盛誉，他们的思想视野、学术底蕴和大家手笔，保证了丛书的学术品质和精神品格。

这是一套规模宏大、富有特色的中国传统文化读本，这是专家为同胞讲述的本民族的系列文明故事，我们期待您的关注和阅读，也等待您的支持和批评。

中国书籍出版社
2015 年 9 月

中国文化经纬·第一辑

从黄帝到崇祯：二十四史 / 徐梓 著
华夏文明的起源 / 田昌五 著
孔子和他的弟子们 / 高专诚 著
老子与道家 / 许抗生 著
墨子与墨学 / 孙中原 著
四书五经 / 张积 著
宋明理学 / 尹协理 著
唐风宋韵：中国古代诗歌 / 李庆 武蓉 著
易学今昔 / 余敦康 著
中国神话传说 / 叶名 著

中国文化经纬·第二辑

敦煌的历史与文化 / 宁可 郝春文 著
伏尔泰与孔子 / 孟华 著
利玛窦与徐光启 / 孙尚扬 著
神秘文化的启示：纬书与汉代文化 / 李中华 著
中国古代婚俗文化 / 向仍旦 著
中国书法艺术 / 陈玉龙 著
中国四大古典悲剧 / 周先慎 著
中国图书 / 肖东发 著
中国文房四宝 / 孙敦秀 著
中印文化交流史 / 季羡林 著

中国文化经纬·第三辑

先秦名家研究 / 许抗生 著
中国法家 / 许抗生 著
中国古代人才观 / 朱耀廷 著
中国吉祥物 / 乔继堂 著
中国科举考试制度 / 张希清 著
中国人的时间智慧：一本书读懂二十四节气 / 张勃 郑艳 著
中国人生礼俗 / 乔继堂 著
中国文化在朝鲜半岛 / 魏常海 著
中华理想人格 / 张耀南 著
中华水文化 / 张耀南 著